# 西藏宗教

尕藏加　著

目
錄

## 第三章・基督教

## 第四章・伊斯蘭教

# 前言

　　從整體上認識西藏宗教，應該從了解苯教開始，因為苯教是青藏高原固有的一種古老宗教，它帶有濃郁的地域性文化特色。同時，苯教又是藏族古老傳統文化的重要組成部分，佛教未傳入青藏高原之前，苯教文化乃是藏族地區唯我獨尊的正統宗教文化。生根於遠古時代的苯教，經歷了藏族古代社會的歷史演進過程，對早期藏族社會的文明進步起到了推動作用。同樣，在後期藏傳佛教的形成過程中，具有廣泛群眾基礎的苯教，也充當了不可替代的主要角色。

▲ 納木錯湖畔佛塔

藏傳佛教在宗教儀軌和護法神等方面從苯教中吸收了不少東西。當然，應該承認的是，藏傳佛教對苯教的衝擊，則更為強勁而有力，甚至是顛覆性的。但是，苯教作為青藏高原最古老的宗教文化傳承，當前依然以頑強的生命力延續著。

藏傳佛教的起源、形成和發展，又與印度佛教的歷史進程及其文化演變有著千絲萬縷的連繫。在一定意義上，藏傳佛教是印度佛教直接移植到青藏高原的宗教文化「複製品」。如上所述，藏傳佛教在其形成和發展過程中，也曾受到藏族傳統文化，尤其是苯教的巨大影響，甚至在某些方面以苯教文化的理論構架和思維方式，接受或消化來自印度的外來佛教文化。因此，藏傳佛教具有

▲ 酥油供燈

▶ 煨桑

顯明的不同於其他佛教支派的宗風。

　　藏傳佛教作為一種人類社會文化現象，不僅對藏族地區的政治、經濟、社
會、文化等領域產生巨大影響，而且對周邊民族地區也產生一定影響，諸如蒙
古族、土族、裕固族、納西族、門巴族、珞巴族等少數民族，至今依然十分虔
誠地信奉著藏傳佛教。可以說，藏傳佛教是中國佛教的重要組成部分。

　　除了藏傳佛教和苯教以外，藏族地區還有基督教和伊斯蘭教，它們不但有
自己的宗教活動場所和神職人員，而且還擁有一定數量的信徒。

第一章

苯教

生根於藏族古代社會的苯教，經歷了歷史上
的演變和發展，從最初的崇拜天、地、日、
月、星辰、雷電、山川等自然現象的自然宗
教，發展成為有比較成熟的經文和系統化教
規儀禮的人為宗教。

從嚴格意義上講，苯教是一種宗教文化現象，它保持著一種古老的宗教文化形態，而且帶有濃郁的地域性和民族性特色。這是因為青藏高原及其藏民族自古以來始終沒有擺脫濃厚的宗教文化氛圍，世俗文化一直糅合在宗教文化之中，兩者沒有鮮明的分界線。

根據考古發掘，藏族的先民早在舊石器時代就勞動、生息在今日被稱為「世界屋脊」的青藏高原。藏民族信奉著一種與自己息息相關的古老的傳統宗教，這就是後來所謂的「苯教」。苯教的產生及其發展，實際上是一個漫長的歷史過程，而且苯教與藏族社會的各個方面以及地理環境有著十分密切的關係。因此，要弄清苯教這個古老宗教的歷史源頭，首先應該對藏族的遠古社會作一番了解。

藏族古代史書《柱間史》記載：「東、黨、賽、莫，即四大宗族，是雪域藏地最早出現的人類。」這四大宗族，也可稱為四大氏族，但更準確的解釋應為「四大姓氏」，因為迄今藏族諸多姓氏中仍有延續下來的上述「四大姓氏」。

▲ 岡仁波齊神山

◀ 苯教經典

▲ 做法事的苯教僧人

由此可知，這四大姓氏或宗族為藏族族源。

經過漫長的歲月，藏族歷史逐漸有了比較清晰的輪廓，「以後依次由瑪桑九兄弟、二十五小邦、十二小邦或四十小邦統治。」[1]從這些不斷更迭的統治者以及不斷分化又重新合併的社會結構，可以看出藏族古代社會發展的歷史進程或基本特點，同時也表明當時的社會形態屬於原始社會。

當藏族社會發展到一定文明階段，藏族地區有了神靈觀念，並出現眾多神祇，諸如山神、水神、地神、天神等。依據有關藏文史料，藏族地區對神靈的崇拜可以追溯到原始社會末期，其具體情形已微茫難考。但藏族人的神靈觀念基本上是隨著藏族古代社會的進步而逐漸形成的。「萬物有靈」觀念曾令藏族先民虔誠地跪拜在具有巨大威力的各種神靈腳下，他們崇拜神，向神祈禱，獻上自己力所能及的祭品，表示感謝或贖罪，並希望神能保佑自己。《柱間史》記載：「賽·苯波、瑪·苯波、東·苯波、奧·苯波等十二名有識之士正在祭獻神靈。」這是大約西元前四世紀藏族地區祭獻神靈的情形，這十二名有識之士實際上就是十二位苯波。當時的苯波相當於巫師或祭司，引文中苯波之前的字均為姓氏。值得一提的是，這裡出現的苯波的稱謂成為後來苯教名稱的最初由來。根據大量有關藏文史料，以上十二名苯波既是當時總管一切精神文化的巫師，又是當時藏族十二小邦之行政酋長，是集巫師與酋長於一身的特殊人物。正如許多國家在歷史發展不同階段都曾存在過集祭司與帝王於一身的人物，他們也具有半人半神、或半神半人的性質。這種巫者為王、王者行巫的現象，應當說是一定歷史發展階段上的具有普遍意義的一種社會文化現象。

隨著藏族社會的進一步發展，約當西元前四世紀，藏族古代歷史上有文字記載的第一個王國及其贊普（國王）誕生了。他們的出現標誌著藏族古代社會發生了翻天覆地的變化：舊的分散的原始社會解體，新的統一的奴隸社會開始

---

1　蔡巴·貢噶多杰著：《紅史》，東噶·洛桑赤列校注，陳慶英、周潤年譯，西藏人民出版社，1988 年，第 29 頁。

▲ 四川省阿壩州金川縣苯教岩畫

形成。然而，以前身兼酋長的巫師們隨著社會形態發生質變而失去了酋長地位，這是歷史的發展給他們所帶來的衝擊，也是神權和政權的分離。從此，這些失去酋長地位的巫師們便專司巫術活動，使巫術活動更具宗教性。藏民族的傳統宗教苯教大約於此時開始萌生。儘管初期的苯教顯得不夠成熟，但經過巫師們那神話般的渲染和極端神祕的宗教儀式，它還是贏得了當時庶民百姓的高度信賴和虔誠信仰。

總之，生根於藏族古代社會的苯教，經歷了歷史上的演變和發展，從最初的崇拜天、地、日、月、星辰、雷電、山川等自然現象的自然宗教，發展成為有比較成熟的經文和系統化教規儀禮的人為宗教。苯教的歷史演變、形成發展過程大致可分為三個階段，即多苯時期、恰苯時期和居苯時期。

# 一　多苯時期

多苯時期實際上是苯教的萌芽階段。這一時期大約從藏族歷史上第一位國王聶赤贊普（約西元前四世紀）算起，直至吐蕃王朝第八代國王智貢贊普（約西元前二世紀）。這段時期也就是藏文史籍中所謂的「天赤七王」時代。至於多苯時期的宗教情形，藏文典籍中是這樣記載的：「不過當時的苯教，只有下方作征服鬼怪，上方作祭祀天神，中間作興旺人家的法術而已。」[2]說明這一時期的苯教尚未形成自己的理論體系，而且帶有較原始的巫術性質。早期巫術

▲ 篤信苯教的吐蕃第二代藏王牟赤贊普頭戴苯教僧帽。

---

2　土觀・洛桑卻吉尼瑪著：《土觀宗派源流》，劉立千譯，西藏人民出版社，1986 年，第194 頁。

與原始宗教糅合在一起，很難辨別清楚，故有人提出，巫術是宗教的前身。

　　總的看來，多苯時期的苯教以鬼神崇拜為主要特色，而「萬物有靈論」則是古人信仰鬼神的共同思想源泉。人類的初民認定自然現象都被賦予生命和超人的魔力。所以，已知的最初階段的自然宗教被稱為多種精靈魔教。這種宗教以萬物有靈論為主宰，以混亂的神話為特徵，篤信魔法，其恐懼感超越別種宗教情感之上。這種信仰是從普遍存在於人類經驗中的各種因素中自然而然產生的（如死亡、睡眠、做夢、恍惚、幻覺等現象），並通過簡單的邏輯思維過程，產生了對能獨立於肉體存在的精神實體的信仰。在這種觀念的發展過程中，一切事物都被認為賦有精靈，而精靈就是賦予事物以活力和生氣的因素。例如，多苯時期的藏族先民一般都相信，正是精靈引起疾病，並控制著他們的命運。

　　綜觀以上現象，可以認為多苯時期的苯教屬於自然宗教範疇。

# 二 恰苯時期

　　恰苯時期大約從吐蕃王朝第八代國王智貢贊普（約西元前二世紀）至松贊干布（七世紀）前後。這一時期是苯教發生質變的重要階段，可謂大變革、大發展時期。這主要歸功於吐蕃第八代國王智貢贊普的開明措施。比如，智貢贊普「乃分從克什米爾、勃律、象雄等三地請來三位苯教法師，舉行超薦凶煞等宗教活動。其中一人依憑除災巫術、修火神法，騎於鼓上遊行虛空，發掘祕藏，還以鳥羽截鐵等顯示諸種法力；一人以色線、神言、活血等作占卜，以決禍福休咎；一人則善為死者除煞，鎮壓嚴厲，精通各種超薦亡靈之術。」[3]這就是智貢贊普引進周邊地區的高超法術來改造或充實當時日益不適應社會發展的宗教（苯教）的實例。苯教從此開始結束較原始稚嫩的宗教形態，跨入積極引進高超實踐法術的新時期。

　　《漢藏史集》記載：「父王智貢贊普在位之時，由象雄和勃律的苯波傳來了賢吉都苯教法。王子布德貢杰在位之時，有仲和德烏教法產生，出現了天苯波賢波切。」可見，在智貢贊普時期，苯教開始逐漸結束以前那種長於單純的巫術手段而缺乏教理儀規的歷史，並形成了自己的「宗教理論體系」。石泰安在《西藏文明》一書中指出：「十二世紀藏族神學家智貢巴在談到恰苯時說，恰苯派是已形成哲學系統的苯教之起始，而且還認為這一現象是受了濕婆外道教理影響。」濕婆即梵文 siva 的音譯，意為「自在」，故別稱「大自在天」或「自在天」，是婆羅門教和印度教的主神之一，即創造之神，毀滅之神，苦行之神，又是舞蹈之神。《提婆涅槃論》說，整個世界就是濕婆的身體，虛空是頭，地是身。濕婆與梵天、毗瑟三者代表宇宙的創造、保存、毀滅。有些濕婆

---

3　土觀・洛桑卻吉尼瑪著：《土觀宗派源流》（藏文版），甘肅民族出版社，1984 年，第381 頁。

（自在天）教派的寺院中不設偶像，只以牛或男性生殖器作為濕婆的象徵，並向其祈禱祭祀。《西藏風土誌》中也指出：「後來，苯教學者青裙師，把釋迦牟尼在世時六個哲學派別的理論，即外道六師傳到吐蕃，與當地苯教結合，形成了吐蕃苯教的一套理論，這便是伽苯。」

從以上諸書記載可看出，恰苯時期的苯教是多苯時期的原有苯教與印度等周邊地區的外來宗教思想相融會貫通而形成的，並具有一定的理論水準。當然，恰苯是在多苯的基礎上形成的，與多苯有著一脈相承的親緣連繫。

恰苯的最終形成，主要歸功於一位名叫辛饒米沃的著名人物。後來許多藏文史籍均認為，此人是苯教的教主。在《西藏王統記》中有更詳細的記載：「教主辛饒本名米沃，生於大食之俄莫隆仁。苯教之經如『康欽波吉』八大部等皆傳譯自象雄地方，於是大為興盛。苯教可分九派：因苯教四派、果苯教五派。果苯教五派，其教義在求進入雍仲無上乘而獲快樂上界之身。因苯教四派分為：囊賢白托堅、赤賢白村堅、恰賢居土堅和都賢村恰堅。囊賢白托堅派，以招泰迎祥，求神乞醫，增益福運，興旺人財為主。赤賢白村堅派，以拋投冥器，供施祭品，安宅奠靈，以及禳祓消除一切久暫災厄為主。恰賢居土堅派，以占卜善惡休咎，決定是非之疑，顯示有漏神通為主。都賢村恰堅派，以為生者除災，死者安厝，幼保關煞，上覘星相，下收地鬼等為主也。諸派作法，皆搖動手

▲ 苯教祖師辛饒米沃像

▲ 位於四川省阿壩州金川縣的苯教古老修行洞

鼓單鈸為聲。」這就較全面地介紹了辛饒米沃的身世，以及他創立雍仲苯教的過程和雍仲苯教的主要內容。

　　至於恰苯時期的苯教教法思想，藏族學者東噶‧洛桑赤列在他的《論西藏政教合一制度》一書中作了概要論述：這種新的苯教被稱為「朗賢」，它根本不承認前後世之說，但承認有神鬼，認為神是在人活著時保護人生命的，鬼不僅在人活著時主宰人的生命，而且在人死後由鬼把靈魂帶走，鬼還能給這個人的家庭和後代繼續帶來危害，因此要供奉救護人的神，消除危害人的鬼。按照《空行益西措杰傳》的記載，這種宗教每年秋天要舉行「苯教神祭」，將犛牛、綿羊、山羊等公畜各三千頭殺死，將犛牛、綿羊、山羊等母畜各一千頭活活肢解，以血肉獻祭。春天要舉行「肢解母鹿祭」，將四隻母鹿四蹄折斷，以血肉獻祭。在夏天要舉行「苯教祖師祭」，以各種樹木和糧食「燒煙」祭祀。在人有病痛時要施捨贖命，視各人經濟情況獻祭神祇。人死以後為制伏鬼魂，也要像上述那樣殺牲祭祀。此外還有祈福、禳解、贖替、測算等儀式。

從以上繁瑣的宗教儀式可以看出，恰苯時期的苯教在舉行宗教儀式時，突出了獻祭這種以物質性的供品來換取神靈保佑和恩賜的方式，甚至可以說，當時的所有宗教活動都是圍繞「獻祭」而開展的。

# ▎三　居苯時期

在藏文中，「居」有翻譯、解釋、編纂等多種意義，而「苯」是苯教的縮寫或概括。居苯兩字意為「被翻譯過來的苯教」或「經過改造的苯教」。居苯時期是苯教發展的第三階段。佛教在吐蕃突破苯教的主要阻力穩住陣營後，便拉開了大規模翻譯佛經的序幕。這對處境困難的苯教來說，又是一種新的壓力。作為應對，苯教徒也開始整理或翻譯苯教經典，努力為自己的宗派建立一套理論體系，以便對付來自佛教的理論攻勢，苯教從而進入新的居苯時期。

藏文史籍記載，赤松德贊時期，苯教已經整理出一些苯教經典。德國藏學家霍夫曼教授對此作了印證性的考查：「當大規模的譯經開始後，來自象雄的苯教徒在新建的桑耶寺觀音殿裡同佛教徒並肩工作。苯教譯師中較為突出者是

▲ 四川省阿壩州金川縣苯教寺院中的古籍

▲ 四川省阿壩州金川縣
　苯教寺院中的老木刻板

香日烏金，他把著名的《十萬龍經》譯為藏文。」[4]這裡所說的《十萬龍經》是苯教的一部重要經典，保留了有關治病和死而復活者的傳說等許多苯教的早期經典內容。苯教經典的蒐集、整理、編著以及翻譯等都始於赤松德贊時期。因此，居苯時期的正式發端確定為赤松德贊時期。居苯時期又分為三個不同階段，「早期的居苯，傳說有綠裙班智達者將邪法埋藏地下，自行掘出，雜入苯法而成此派的；中期居苯，當赤松德贊王時，曾下令苯教徒改信內教，有一人名為杰維絳曲（佛菩提），王遣其從仁欽喬學佛法，他不願學，但又怕受到藏王的罰責，因此心懷惱恨，遂勾結苯教徒，將一些佛典，改譯成為苯教的書，此事被赤松王知道了，王權傳敕，若有擅改佛經為苯教書籍者殺而無赦。當時因為此事，被誅者甚眾。苯教徒大為驚懼，乃將未譯完的書籍，祕密藏在山岩之間，後又從伏藏中掘出，遂名為苯教的伏藏法；後期居苯，自從朗達瑪滅佛以後，藏娘堆有一人名為賢古魯迦，在衛地苯教的勝地達域卓拉，將大量佛經改為苯教經典。別立各種不同的名相及詮釋，標其異於佛教。」[5]這是藏族宗

4　參見《世界宗教資料》1985 年第 4 期，第 31 頁。

5　土觀・洛桑卻吉尼瑪著：《土觀宗派源流》，劉立千譯，西藏人民出版社，1986 年，第 194-195 頁。

教學家土觀‧洛桑卻吉尼瑪對居苯時期的苯教所作的具體研究，迄今仍具有權威性。

　　赤松德贊起初對苯教十分寬容，為苯教徒創造接近於佛教徒的外部條件，如建立譯經場所，允許他們專心致志地翻譯或編纂苯教經典，創立自己的理論體系。實際上，這是赤松德贊吸取先祖們的經驗教訓，對苯教採取的一種謹慎態度。一旦條件成熟時，他還是義無反顧地對苯教實施壓制性的強硬措施，以便削弱苯教的勢力，為佛教創造一個廣闊的發展空間。根據藏文史籍記載，赤松德贊為了達到在吐蕃只奉行佛教的目的，採用了一種至少在表面上看來比較公平合理的巧妙手段——辯論。其實辯論是佛教的優勢，而對苯教來說，則成為其致命的弱點。其結果顯而易見，苯教辯論失敗。「藏曆紀年前釋迦滅寂一三〇三年土豬年（唐肅宗李亨乾元二年，759 年），在墨竹蘇浦地方江布園宮室前，舉行了佛教與苯教的辯論，結果苯教徒失敗，贊普把苯教僧侶流放到阿里象雄地方，把苯教經籍全部收集起來，或拋入水中，或壓在桑耶寺一座黑塔下面，禁止苯教殺牲祭祀為活人和死者舉行祈福儀式，只准信奉佛教，不准信奉苯教。赤松德贊在禁止苯教時，保留了苯教的祈禱吉祥、禳解、火葬、燒煙祭天焚魔等，後來被佛教徒改變其意義保存其形式而加以利用。另一方面，吐蕃王朝崩潰後重新興起的苯教——『居苯』，也把佛教的內容全部改造成苯教教義，成為一種有教理教義的新苯教。這表

▲ 八世紀時，赤松德贊聘請漢僧入藏鑄造銅鐘。該銅鐘至今仍完好地保存在桑耶寺內。

▲ 赤松德贊時期在桑耶寺建造的興佛碑

▲ 桑耶寺黑塔

明佛教與苯教經過相互鬥爭，為了適應鬥爭需要都從對方吸取某些東西，保留其形式，改造其內容，這是佛教與苯教的新發展。」[6]由此可見，赤松德贊在所謂的「廢除」苯教的過程中，並沒有採取全盤否定的極端行為。一方面，禁止諸如大量殺牲祭祀等帶有原始野蠻性質的宗教行為，以及制止苯教徒竄改佛教經典的越軌活動；另一方面，鑑於當時社會需求，保留並積極發揚或利用苯教中的許多宗教禮儀。從苯教徒的角度看，苯教在赤松德贊時期，確實遭受過前所未有的迫害。然而，這一打擊從反面又促進了苯教在教法儀軌上更加完善。雖然佛教始終沒有放棄壓制苯教的一切措施，結果不但沒能消滅苯教，苯教反而從佛教那裡得到不少實惠。苯教教法義理的形成，就受到佛教的巨大影響。

6　東噶·洛桑赤列著：《論西藏政教合一制度》，陳慶英譯，民族出版社，1985 年，第 15-16 頁。

總之，苯教進入居苯時期，不僅在教理儀軌方面日趨成熟完善，而且在自己的宗教理論領域，也有了長足的發展。其中最具魅力的成就是，苯教學者對自己信奉的宗教進行了判教，如將苯教判為九乘，即著名的「九乘之說」。這是苯教在經論學說上取得較高水準的一個重要標誌，它將苯教的整個經論判定為九乘或九類。「九乘」中卡賢、朗賢、楚賢、斯賢為四因乘；格尼、阿迦、仗松、耶賢為四果乘；最後為無上乘。實際上，「九乘之說」將苯教龐雜的理論體系和豐富多彩的宗教實踐禮儀，按前因後果和修持次第進行了分類，人們可通過「九乘」來掌握或修習苯教。

# ▎四　苯教寺院

　　苯教作為青藏高原上土生土長並流傳至今的古老宗教，除了具有悠久的歷史淵源之外，還有許多著名的苯教寺院。

　　根據藏文典籍，苯教大師賢欽魯噶的弟子祖欽南卡瓊仲於一○七二年修建了葉茹彭薩卡寺，這是一座研修苯教的重要道場。當時該寺一直很興隆，寺中還培養了不少著名的苯教高僧，一三八六年該寺毀於洪水。之後，葉茹彭薩卡寺再也沒能恢復起來。

　　賢欽魯噶的另一位弟子許耶羅布，大約在十一世紀也修建了一座名為吉卡日香的苯教寺院，這是一座主要修習苯教大圓滿法的中心寺院。

▲ 四川省阿壩州金川縣苯教寺院的宗教儀式

賢欽魯噶的主要弟子邊敦貝卻，為了弘揚苯教的密宗教法，先開闢一塊簡易的靜修場所，在此基礎上逐漸發展，最後形成了一個小有名氣的專門研修苯教密宗的中心道場。

　　約在十一世紀，還有一位名叫梅烏·闊巴貝欽的苯教高僧，創建了著名的桑日寺。這是一座專門研習苯教哲學的中心寺院。

　　以上四座苯教寺院或四大中心道場都在後藏地區即西藏日喀則地區。從各個寺院側重的修學對象來看，葉茹彭薩卡寺和桑日寺主要研習苯教的經院哲學；吉卡日香寺和邊敦貝卻開闢的密宗中心，重點則放在對苯教心部和禪定的修習或實踐方面。從十四世紀末開始，這四座苯教道場趨於衰微，目前除了桑日寺得到修復之外，其餘僅留存一些遺跡。

　　藏傳佛教後弘期初期建立的苯教寺院先後衰微之後，又再次出現曙光。十

▲ 昌都地區孜珠山上的苯教孜珠寺

▲ 孜珠寺經堂

▲ 孜珠寺精修僧舍

▲ 孜珠寺僧人

四世紀，在四川嘉絨藏區出現一位著名的苯教大師，他就是苯教史上具有崇高地位的念麥喜饒堅贊大師（1356-1415）。念麥喜饒堅贊從嘉絨藏區來到西藏日喀則地區，一邊修行一邊弘揚苯教教法，於一四〇五年創建曼日寺。該寺位於今日喀則地區南木林縣。曼日寺不僅在藏族地區享有盛名，而且在苯教寺院中占有祖寺地位。目前，曼日寺仍然香火不斷，是當今西藏日喀則地區頗有影響的一座苯教重要寺院。

　　苯教高僧達娃賢贊生於一七九六年，早年在曼日寺系統學習苯教教法。一八三四年，他在後藏新建了一座作為曼日寺子寺的寺院，這就是著名的雍仲林寺，全稱「熱拉雍仲林」。該寺位於今西藏日喀則南木林縣熱拉村，寺院的前面是滾滾東流的雅魯藏布江。雍仲林寺目前已成為西藏自治區最大的苯教寺院

▲ 苯教主寺──日喀則地區南木林縣熱拉雍仲林寺

之一，寺院常住僧人現有六十多名。在歷史上寺院常住僧人曾多達五百人。雍仲林自創建以來，在社會上享有崇高的榮譽和很大的影響力。西藏及其他藏區各苯教寺院的堪布（住持）均由該寺委派，在該寺舉行一年一度的大型講經修法活動時，各地藏區數以千計的善男信女如期雲集到此取經。

此外，在曼日寺以西不遠處曾建有一座名為喀那寺的苯教寺院，曾與曼日寺和雍仲林寺一起被稱為苯教三大寺院，堪與格魯派的拉薩三大寺院相媲美。目前在西藏自治區，除了日喀則地區之外，苯教寺院分布最多的

▲ 四川省阿壩州金川縣苯教寺院壁畫

則是那曲和昌都地區。其次，四川、青海、甘肅、雲南等藏族地區也有不少苯教寺院，尤其在四川嘉絨地區，苯教具有很強的勢力。如土觀·洛桑卻吉尼瑪所言：「苯教之寺院，在藏區內有辛達頂寺，在嘉絨有雍仲拉頂寺等，其後皇帝引兵毀其寺，把拉頂寺改為格魯派的甘丹新寺並下詔禁止信奉苯教，但不甚嚴厲，至今嘉絨及察柯一帶尚有不少的苯教寺院。」[7]有研究認為，在五世達賴喇嘛統治時期，苯教和覺囊派不止一次受到迫害。幾座苯教寺院，特別是在穹波的苯教寺院被改成了格魯派寺院。在康區的白利地區發生了極為嚴重的事件，西藏的佛教統治者在該地動用了蒙古軍隊以征服他們宗教上的對手。然

---

7　土觀·洛桑卻吉尼瑪著：《土觀宗派源流》（藏文版），甘肅民族出版社，1984 年，第198頁。

▲ 四川省阿壩州金川縣苯教寺院的跳法舞宗教儀式

而，不知出於什麼原因，苯教逃脫了降臨在覺囊派頭上的命運。覺囊派信徒全部被從西藏中部趕了出去。在整個新神權統治時期，這種迫害在多地持續。嘉絨始終是苯教的大本營，多年以來，它成功地抵禦了滿族人的侵占。乾隆皇帝只得向其精神導師格魯派的轉世化身章嘉乳必多吉活佛（1717-1786）求援，請求他運用神力來對付不肯妥協的苯教徒。這位喇嘛不失時機地動用清朝軍隊消滅異教徒。大約在一七七五年，這支軍隊開始啟程，其目的是要改變嘉絨人對苯教的宗教信仰，但未能得逞，於是，他們摧毀了最著名的苯教寺院雍仲拉頂寺。後來，在同一地點又修建了一座格魯派寺院甘丹寺。這位皇帝還頒布了禁止苯教徒修習的命令。[8]自八世紀始，苯教成為歷代統治階級特別是佛教神權統治者打擊的重點對象，沒有藏傳佛教所享有的興旺發展的外部環境。所

8　《國外藏學研究譯文集》第 11 輯，西藏人民出版社，1994 年，第 81 頁。

以，在廣袤的藏族地區的腹心地帶，沒能建立眾多的金碧輝煌的苯教寺院群，它們大都建在邊遠偏僻的山區地帶。根據平措次仁一九九八年的調查研究表明，西藏自治區內現有苯教寺廟九十二座，其中昌都地區五十四座、那曲地區二十八座、日喀則地區六座、林芝地區二座、拉薩和阿里各有一座；西藏有苯教僧人三二九一人，活佛九十三人，信教群眾有十三萬多。

苯教中的不少教法儀軌，已演變成為藏族民間宗教信仰的主要組成部分。目前，藏族民間信仰中的許多宗教儀式和思想觀念，基本上都源於苯教。苯教文化對藏族文化習俗產生了巨大影響。

第二章

藏傳佛教

藏傳佛教，又稱藏語系佛教，屬北傳大乘佛
教派系，為世界佛教三大語系之一，是中國
佛教的重要組成部分，在諸多方面具有與眾
不同的演進歷史、宗派風格和文化特質，特
別是藏傳佛教既有豐富系統的思想理論體
系，又有嚴密深奧的實踐修證次第。

# ▌一　藏傳佛教的起源

　　許多藏文史籍，以吐蕃王朝第二十八代國王拉托托日年贊時期（約 333 年）作為佛教正式傳入吐蕃的開始。但當時僅獲得一些經函，以及小型佛塔等佛教法物，尚未出現書寫、翻譯、念誦、講經等佛事活動，因而此時算不上佛教正式傳入吐蕃的開端。

　　實際上，佛教是在松贊干布時期（七世紀中葉）才開始傳入吐蕃。七世紀，吐蕃社會得到空前發展，尤其是拉托托日年贊之後的第五代國王松贊干布即位後，吐蕃採取了一系列開放性措施，主要從四鄰邦國或地區吸收先進的科技文化知識。根據藏文史料記載，松贊干布推動創製了吐蕃文字。《布頓佛教史》記載：「鑑於吐蕃沒有文字，特派吞彌‧阿努之子及其隨從共十人赴印度學習語言文字，他（阿努之子，吞彌‧桑布札）在印度拜班智達神明獅子學習聲明（語言文字），學成後在拉薩的瑪茹覺王宮，結合吐蕃語音創製了擁有三十個輔音字母和以阿音為首的四個元音字母的吐蕃文字（藏文），其字形參照印度迦什彌羅文字而創製，同時撰寫了八部語法書。」[1] 這裡敘述了松贊干布時期的吐蕃著名文官吞彌‧桑布札仿照當時印度的一種古文字創製藏文的經過。對此許多藏文史籍都作了較為詳細的敘述。當時創製藏文不僅順利、快捷，而且很快得到實際應用。特別是松贊干布帶頭學習新創製的藏文，也為藏文字的推廣作出了榜樣。藏文字的創製為吐蕃吸收先進的文化、科技創造了十分便利的客觀條件。從此，吐蕃結束無文字的落後時代而跨入新的文明時期。從七世紀中葉開始，吐蕃已有能力或條件從事佛經翻譯，為佛教正式傳入吐蕃奠定了基礎。《賢者喜宴》記載：「松贊干布在位時，迎請印度的格薩熱大師和婆羅門香噶熱、克什米爾的達努、尼泊爾的希瑪祖、漢地的和尚瑪哈德哇切

---

1　布頓‧仁欽珠著：《布頓佛教史》（藏文版），中國藏學出版社，1988 年，第 182 頁。

▲ 山南地區昌珠寺內供奉的松贊干布、尺尊公主和文成公主塑像

（或稱大天壽和尚）等佛教高僧大德到吐蕃，並同翻譯家吞彌·桑布札以及助
譯者達瑪果夏和拉隆多杰貝等一起翻譯了《集密寶頂陀羅尼》、《月燈》、《寶
雲》、《十萬般若波羅密多經》等佛經，此外，還重點翻譯了大悲觀音菩薩之
顯密經典二十一部。」[2]其中觀音菩薩顯密二十一部經典主要是論述觀世音菩
薩的功德，以預言或授記的形式為佛教傳入吐蕃在理論上起到了宣傳作用。觀
世音菩薩從此被認定為普度吐蕃有情眾生的菩薩，拉薩的紅山被認定為觀世音
菩薩的道場，並取名為布達拉，隨後拉薩逐步成為一大佛教聖地。

　　與此同時，吐蕃又迎請以佛像為主的佛教供品。當時從印度南部迎請了一
尊被稱為從旃檀蛇心中自然形成的十一面觀音像；松贊干布迎娶尼泊爾公主拜
薩赤尊時請來八歲等身的不動金剛佛像；迎娶唐朝文成公主時請來十二歲等身

---

2　巴沃·祖拉成瓦著：《賢者喜宴》（藏文版，上冊），民族出版社，1981年，第182頁。

▲ 布達拉宮

的釋迦牟尼佛像。其中後兩尊佛像不僅成為當時吐蕃最珍貴的佛教供奉對象，而且還標誌著佛教開始在吐蕃正式傳播。吐蕃當時為何先要迎請這三尊佛像，其目的又是什麼，這在不少藏文史籍中作了較為明確的回答。「世尊身像一尊在天竺、一尊在尼泊爾、一尊在漢地。凡是三尊佛像擁有之地，大乘佛教極為興隆。故在雪域疆土弘揚大乘佛教，也要必須盡力將三尊佛像迎請到吐蕃。」[3]由此可見，在當時的吐蕃人看來，如果擁有此三尊佛像，就可以象徵大乘佛教的興隆。因此，為了供養此三尊佛像，吐蕃又大興土木建造佛殿。吐蕃當時迎請的幾尊貴重的佛像，是松贊干布迎娶尼泊爾尺尊公主和唐朝文成公主時由兩位公主帶來的禮品，吐蕃在迎請珍貴佛像的同時，為了更好地供養這些佛像，積極創建規格較高的佛殿，從而開創了佛教建築物在吐蕃安家落戶之先河。

3　薩迦・索南堅贊著：《西藏王統記》（藏文版），民族出版社，1981 年，第 85 頁。

根據《漢藏史集》等藏文史料記載，松贊干布時期，在吐蕃創建一〇八座佛寺，不過現在能夠查找到的、有記載的只有十八座，其中包括當時最著名的拉薩大昭寺和小昭寺，以及山南地區的昌珠寺。這三座著名佛寺，雖然名為佛寺，實際上都是佛殿。它們當時只是用作供奉佛教供品的場所，而且其規模較小，遠不及後來的正規佛教寺院。總之，這些第一批創建的佛殿為當時佛教在吐蕃傳播，以及後來藏傳佛教的進一步發展起到重要作用，尤其是上述三座著名佛殿，在藏傳佛教寺院中占有舉足輕重的地位。

　　松贊干布時期，創製藏文，翻譯佛經，建造佛殿，為佛教正式傳入吐蕃奠定了基礎。但當時吐蕃還沒有出現本土藏族出家僧尼，而且從外地迎請的佛教僧侶數量也極其有限，特別是上述為翻譯佛經而聘請的印度、尼泊爾和漢地學僧，他們完成譯經任務後，又被吐蕃及時送回各自的故里。「譯經完成後，向各位班智達（學僧）嘉獎，使他們高興，同時下令送他們回各自的故里。」[4]由此可見，當時吐蕃王朝沒有為受聘到吐蕃翻譯佛經的外籍學僧提供長期在吐蕃傳教或生活的客觀條件。根據《嘛呢寶訓集》、《賢者喜宴》和《柱間史》

◀ 乃窮寺外的佛塔和瑪尼堆

4　《嘛呢寶訓集》（藏文古籍），第 288 頁。

等藏文史料，松贊干布時期，兩位西域（很可能是指古代西域的于闐地區）僧人因慕名吐蕃國王（指松贊干布）為觀世音菩薩的化身而千里迢迢來到吐蕃，可他倆在吐蕃未能如願以償，不得不返回家鄉。因為當時的吐蕃民眾對佛教及其僧侶一無所知，所以當吐蕃人看見兩位禿頭、著方塊黃布的西域僧人時，他們感到十分驚奇，而兩位西域僧人目睹吐蕃人的風俗習慣或所作所為也頗感恐懼。這從一個側面反映了純正的佛教在當時並沒有融入吐蕃社會。當時在吐蕃無論做任何事都要與苯教的基本觀念相一致。「為了符合大眾的口味而採用苯教、第吳和仲居的方式，去引導吐蕃人

▲ 轉經

民信仰佛教；為了後人的事業又將佛經、咒術、苯教，以及財寶、詔書等分別埋藏在四柱間、壇城下和龍廟裡。」[5]由此不難看出，當時的佛教通過苯教的儀軌流傳，並沒有真正發揮出佛教自身特有的宗教功能。

　　實際上，松贊干布時期是吐蕃社會的大開放、大變革時期。松贊干布的主要精力放在對政治、經濟、軍事、文化等領域的改革之上，佛教只是作為外來文化中的一部分而傳播，尚未在吐蕃社會中真正立足。很難確定松贊干布是否是一位虔誠的佛教信仰者，但他的確支持過佛教在吐蕃的傳播，而且他在制定吐蕃法律時，參考並吸收了部分佛教內容。「在《十善法》之後又制定了《清淨十六條法》，其具體內容為敬信三寶、修習正法、孝敬父母、尊重知識、尊

5　《嘛呢寶訓集》（藏文古籍），第 225-226 頁。

▲ 拉薩藥王山東麓山腰的查拉魯普石窟，距地面二十二米，是吐蕃時期開鑿的佛教石窟。

上敬老、忠於親友、利濟鄉鄰、心底真誠、學習大德、理財有節、報答恩惠、公平度量、公正無嫉妒、不聽婦言、善言巧語和擔當重任。」[6]《清淨十六條法》的出臺，對吐蕃臣民接近佛法或了解佛教起到了重要作用。松贊干布藉助法律的手段，向自己的臣民推薦佛教並使他們接受佛教的這一做法，為佛教最終在吐蕃臣民中得以傳播起到了一定的作用。此外，松贊干布時期，在吐蕃出現不少修習禪定的人士，但這些所謂的神通者只不過是一些隱修者而已，不可視為僧尼，當時吐蕃還沒有出現本族出家僧尼。

松贊干布之後的貢松貢贊、芒松芒贊、都松芒波杰即吐蕃三代贊普時期，佛教在吐蕃不但沒有得到進一步傳播，而且佛教與吐蕃王室之間業已存在的密

6 阿旺・羅桑嘉措（即五世達賴喇嘛）著：《西藏王臣記》（藏文版），民族出版社，1981 年，第 22 頁。

切關係也有所鬆懈。至赤德祖贊時期（705 年-755 年在位），吐蕃王室又對佛教有所關注。從松贊干布至赤德祖贊期間，佛教在吐蕃雖然以時斷時續的節奏傳播或延續，但這一時期吐蕃的宗教依舊由苯教一統天下，佛教只是趁隙而入。赤德祖贊時期，「派遣鄭噶・莫勒噶夏和聶・札那古瑪拉二人去印度求法，他們在途中聽說班智達佛密和佛寂二位大師正在岡底斯山修行，隨前往迎請，但沒有答應，只好就地請教了顯宗《阿笈摩經》、《金光明經》，以及《事部》和《行部》等佛經，並整理成經卷後獻給贊普（國王）。贊普為安放這些經卷建造

▲ 朝拜

了拉薩喀札、札瑪鄭桑、欽浦南熱、札瑪噶若、瑪薩貢五座佛殿。」[7]

　　赤德祖贊是自從松贊干布以來對佛教持積極態度的又一位吐蕃贊普。他支持在吐蕃繼續傳播佛教，很可能受到唐朝公主的影響。七一〇年，赤德祖贊迎娶唐朝金城公主，公主抵達吐蕃後，又重新燃起吐蕃早已中斷了的佛教香火。金城公主首先將文成公主帶到吐蕃的已埋在地下達幾個朝代之久的釋迦牟尼佛像移置到大昭寺，並請漢地和尚來供養佛像和管理香火；其次，金城公主協助贊普為外地受難僧眾創造條件以維護他們的宗教信仰。當時，「漢地公主（金城公主）任施主又將受難於于闐、安西、疏勒、勃律、克什米爾的眾僧侶請到

---

7　巴沃・祖拉成瓦著：《賢者喜宴》（藏文版，上冊），民族出版社，1981 年，第 294 頁。

▲ 位於山南地區的雍布拉康宮殿

吐蕃，安置在寺廟供養了三、四年之久。」[8]由於金城公主在吐蕃積極參與倡佛活動，當時在吐蕃「建造札瑪鄭桑等數座佛殿，迎請被西域驅逐的出家僧侶眾，以及從漢地邀請的許多和尚到吐蕃供養佛法」。[9]在當時吐蕃本土還沒有出家僧尼的情況下，能夠接待或供養數目如此可觀的外地僧眾，對於吐蕃來說，的確是一件很不容易的大事。果然，當赤德祖贊贊普去世、新贊普赤松德贊年幼之際，在吐蕃發生驅逐外地僧侶的事件。「大臣瑪香大權在握，他不喜佛法。以此將出家僧人都逐出吐蕃。」[10]新即位的贊普赤松德贊年幼，他雖有支持佛教之心願，但沒有掌握實權，故未能繼續保留住吐蕃的外籍僧眾，甚至

8　達倉宗巴・班覺桑布著：《漢藏史集》（藏文版，上冊），中央民院古籍整理規劃小組影印本，第 68 頁。

9　格羅・宣努拜著：《青史》（藏文版，上冊），四川民族出版社，1984 年，第 66 頁。

10　格羅・宣努拜著：《青史》（藏文版，上冊），四川民族出版社，1984 年，第 66 頁。

▲ 位於山南地區瓊結縣的吐蕃藏王墓

「吐蕃地方的比丘、舍利、經典以及供養的法器都被帶走」。[11]由此可見，佛教當時在吐蕃遭受了一次較為嚴重的挫折。儘管如此，由於西域和漢地僧眾進入吐蕃，並在那裡生活和開展宗教活動，故大大加深了佛教在吐蕃的影響。

佛教在傳入吐蕃的過程中，經歷了錯綜複雜而又頗為艱難的歷程。除四世紀左右數卷佛經等佛教法物帶入吐蕃之外，從七世紀即松贊干布時期佛教正式傳入吐蕃，至八世紀即赤德祖贊時期，佛教在吐蕃的傳播時間長達一個世紀。在這百年期間，佛教雖然時斷時續在吐蕃傳播，但始終未能在吐蕃社會中立足，當時吐蕃的宗教仍由苯教一統天下。

---

11 達倉宗巴・班覺桑布著：《漢藏史集》（藏文版，上冊），中央民院古籍整理規劃小組影印本，第69頁。

# ▍二 藏傳佛教的形成

　　從七世紀中葉即松贊干布時期至赤松德贊登上王位這一百年間，是佛教在吐蕃的傳播時期。從嚴格意義上講，佛教立足於吐蕃並形成藏傳佛教，是從八世紀中葉吐蕃贊普赤松德贊時期開始的。

## （一）赤松德贊興佛業績

　　赤松德贊是吐蕃王朝史上一位名副其實的法王。他在位期間（755-797）積極扶持佛教，使佛教最終在吐蕃立足，為佛教得以在吐蕃弘揚作出了巨大貢獻。在藏文史籍中，赤松德贊被譽為聖文殊菩薩之化身，並同寂護與蓮花生一起被尊稱為「師君三尊」，是吐蕃時期的三位法王之一（其他二位即松贊干布法王，為觀世音菩薩之化身；赤熱巴堅法王，為持金剛之化身），其塑像常同寂護與蓮花生一起供奉在藏傳佛教寺院。

　　赤松德贊是赤德祖贊之子，七四二年生於札瑪地方，十三歲時，即七五五年繼承王位，執政達四十三年之久，於七九七年逝世。赤松德贊幼年即位，當時吐蕃臣民對佛教還有一定的牴觸心理，特別是那些大臣極力反對在吐蕃傳播佛教，如獨攬大權的大臣瑪尚仲巴杰，他是當時阻止佛教在吐蕃傳播的代表性人物。藏族學者東噶・洛桑赤列說：「瑪尚仲巴杰信奉苯教，不喜佛法，故頒布法令：『宣揚來世報應之說均為虛假，不可信，而今生避免鬼神之迫害，只有求助於苯教。倘若誰信奉佛教，不僅沒收所有財產，而且流放到偏遠地區。今後只准信奉苯教，不可信仰佛教。人死後不許舉辦佛事活動，小昭寺內的漢地佛像送回原地。』另外，拉薩喀札的佛殿和札瑪鄭桑的佛殿被拆毀，大昭寺內的不動金剛佛像，被就地埋在沙土裡。大昭寺和小昭寺內的佛祖像被運往阿里的吉仲地方，還把住在拉薩的所有漢族和尚送回漢地，將大昭寺和小昭寺分別改成作坊和屠宰場，甚至把被宰殺牲畜的腸子等內臟掛到佛像身上，剛剝下

來的皮子披在佛像上晾乾。」[12]吐蕃佛教遭受嚴重挫折，這也是一次為恢復苯教正統地位而採取的政治行動。

▲ 桑耶寺內供奉的吐蕃法王赤松德贊像

隨著赤松德贊成長並掌握實權，佛教在吐蕃所面臨的困境逐漸改觀，吐蕃上層反對佛教支持苯教的格局得到扭轉。首先，赤松德贊指令信奉佛教的大臣桑喜運籌佛事活動，並讓他主持佛經翻譯工作。但此項興佛計劃又遭遇信奉苯教的瑪尚仲巴杰等實權派大臣的阻撓，不得不暫時收回。其次，赤松德贊任命信奉佛教的巴·賽囊為芒域（今西藏日喀則吉隆一帶）地方官；又派遣桑喜去芒域，協助巴·賽囊開展興佛活動。與此同時，赤松德贊與信奉佛教的大臣祕密策劃，最終翦除了不喜佛法的瑪尚仲巴杰等大臣，為在吐蕃開展佛教活動掃除了障礙。巴·賽囊等在吐蕃邊境一帶也積極尋求迎佛取經的途徑。他們首先經尼泊爾到印度各大佛教聖地進行朝禮參訪，向大菩提寺和吉祥那爛陀寺獻供、佈施。[13]巴·賽囊在歸途中有幸遇見印度高僧寂護（又名靜命），向他請教有關傳播佛法的諸多事項。寂護出生於孟加拉，是當地的薩霍爾王之子，後於那爛陀寺依止智藏論師出家，受具足戒，是一位中觀自續派論師，著有《中觀莊嚴論》。在印度

---

12 東噶·洛桑赤列著：《論西藏政教合一制度》（藏文版），民族出版社，1981 年，第 21-22 頁。

13 巴·賽囊著：《巴協》，佟錦華、黃布凡譯注，四川民族出版社，1990 年，第 13 頁。

佛教史上，被稱為隨瑜伽行中觀宗就是以寂護和他的弟子蓮花戒為代表，寂護和他的戒師智藏及弟子蓮花戒，在當時的印度合稱為東部三中觀師。寂護不但是一位古印度著名的佛學家，而且在藏傳佛教史上被譽為東方三中觀師之一。當巴·賽囊得知寂護是印度佛教界具有崇高威望的佛學大師時，立即向赤松德贊稟報，建議邀請這位高僧到吐蕃傳授佛法，很快得到赤松德贊贊同的答覆。巴·賽囊陪同寂護順利抵達吐蕃，受到赤松德讚的熱烈歡迎。

寂護大師在吐蕃宣講佛教十善法和十二緣起，但不幸的是寂護講法數月後，吐蕃地區卻遭受一場空前的自然災害。洪水爆發沖垮桑耶地區的龐塘宮，拉薩紅山上的宮殿遭雷擊，莊稼遭冰雹襲擊，還發生傳染病和牲畜瘟疫等。吐蕃大多數臣民則認為，此次災難是宣講佛法、信奉佛教所帶來的報應，強烈要求贊普立即遣返印度僧人。在廣大臣民的壓力下，赤松德贊將寂護送回尼泊爾。寂護返回時向贊普推薦了另一位適合到吐蕃傳法的高僧，這就是後來的蓮花生大師。

赤松德贊遵照寂護的舉薦，派遣德哇莽布智和桑果拉隆二人去尼泊爾的一個叫拘勒雪的岩洞中迎請鄔杖那國的蓮花生（藏語稱白瑪迴乃）大師。相傳蓮花生在進藏途中，一路降伏鬼怪，為在吐蕃傳播佛教開闢道路。

由於蓮花生具備高出苯教法術一籌的功法，吐蕃苯教徒根本鬥不過他，因而佛教在吐蕃揚眉吐氣。隨後，赤松德贊又派人請回居留在尼泊爾的寂護大師，並同蓮花生一起在吐蕃籌劃弘法。

寂護和蓮花生兩位大師在吐蕃得到贊普赤松德贊在政治和經濟上的大力支持，在吐蕃舉行各種規模空前的傳教活動。寂護主要宣講中觀、律學等佛教基本理論。而蓮花生發揮自己的特長，並顯示神通，調伏苯教的諸多凶神，特別將苯教神靈家族中的主要成員十二丹瑪降伏後接納為佛教護法神，向吐蕃臣民傳授佛教密法，對一些父母俱在的青年男女首次傳授一種使鬼神附體的圓光法，此乃佛教密宗的特異功法第一次在吐蕃公開傳授。蓮花生傳授的這一法術，就是後來藏傳佛教中著名的降神術的開端。

在赤松德贊倡建吐蕃第一座正規寺院的過程中，寂護和蓮花生作出了重要貢獻。寂護和蓮花生在赤松德讚的大力支持下，於七七四年動工興建桑耶寺七七八年竣工。桑耶寺是以古代印度波羅王朝高波羅王在摩揭陀所建的歐丹達菩黎寺為藍本建造的。桑耶寺中心主殿是一座三層大殿，代表佛教中象徵宇宙中心的須彌山；主殿四周按不同方位建四座佛殿，代表世界四大洲；在四座佛殿的附近又各建兩座小佛殿，代表世界八小洲；主殿左右兩側又特意各建一座佛殿，代表日月；主殿四角附近又專門各建一座佛塔，共四座佛塔，分別由白、紅、黑和青四種顏色來象徵其內含意義，如白色為菩提塔、紅色為法輪塔、黑色為舍利塔、青色為天降塔，它們標誌著征服一切凶神邪魔、制止所有天災人禍；整個建築物以橢圓型的圍牆圍住，圍牆四個方位設有四個大門，東門為正門，圍牆象徵著佛教中的鐵圍山。主殿三層大殿分別採取吐蕃（藏地）、漢地

▲ 查拉魯普石窟蓮花生石刻像

▲ 桑耶寺內供奉的蓮花生大師像

▲ 位於山南地區札囊縣的桑耶寺

和印度三種不同文化形式建造，如底層為吐蕃建築形式，中層為漢地建築形式，頂層為印度建築形式；而且佛殿中的佛菩薩的塑像也是為表現三個地區不同文化特色而塑造的，如底層塑像是模仿藏族人形象塑造的，中層塑像是模仿漢族人形象塑造的，頂層塑像是模仿印度人形象塑造的。這說明桑耶寺是一座體現多元文化的佛教大僧院。桑耶寺竣工後，寂護和蓮花生為寺院舉行了開光安座儀式。

創建桑耶寺之後，為試驗吐蕃有無能充當出家僧尼者，從印度迎請比丘共十二人，由寂護任堪布（為出家僧尼舉行剃度儀式的住持），為巴・賽囊、桑希、瑪・仁欽喬、昆・魯意旺布松、巴郭・毗茹札那、恩蘭・嘉哇卻央、拉松・嘉威祥曲七人剃度並授予比丘戒。這是藏傳佛教史上產生的第一批藏族僧侶，史稱「七試人」，或叫「七覺士」。由於「七覺士」出家為僧的表率作用，吐蕃本族僧侶迅速發展到三百多人。

桑耶寺的順利建成，為推動吐蕃佛教的進一步發展打開了新的局面。桑耶

▲ 桑耶寺紅塔

寺不僅成為吐蕃王朝的宗教活動中心、文化教育中心，而且又是翻譯佛經的專門場所。赤松德贊從印度、漢地等地邀請許多佛教學僧和大師到吐蕃，與吐蕃本族的學僧一起在桑耶寺譯經殿翻譯佛經。當時翻譯佛經的場面在《桑耶寺簡志》中作了描述：「譯經僧人均盤腿相向而坐，一人誦經，一個口譯藏語，居高位的年邁高僧釐正譯語，最後由青年僧人以竹筆寫在梵策形經紙之上。當時聚集於桑耶寺譯場翻譯佛經的，除西藏初出家的『七覺士』和印度的寂護、無垢友、佛密、靜藏、清淨獅子等諸大論師外，還有內地和尚帕桑、瑪哈熱咱、德哇、摩訶衍、哈熱納波等。漢人不僅翻譯佛經，而且還翻譯漢地醫著和無形算等。這些各地來的譯師在札覺加嘎林廣譯三藏教典。這時所譯的佛經編目，先後編成《登迦目錄》、《欽朴目錄》和《龐塘目錄》等。」[14]桑耶寺原譯經院，即札覺加嘎林的東、西、南三面迴廊牆壁上，繪有數十組反映當時譯經場面的

14 何周德、索朗旺堆著：《桑耶寺簡志》，西藏人民出版社，1987 年，第 18 頁。

壁畫，每組壁畫都栩栩如生，為人們了
解和描述過去的歷史提供了極為形象的
資料，具有很高的學術價值。當時由印
度、漢地等地的大師以及吐蕃本族的學
僧，在桑耶寺譯經殿裡翻譯了諸如《律
藏》、《經藏》、《密續部》等大量重要
佛教經典，這是自從佛教傳入吐蕃以來
規模最大的一次譯經。

在赤松德贊時期，佛教在吐蕃有了
突飛猛進的發展。吐蕃建成第一座規模
宏大的正規佛教寺院桑耶寺，有了吐蕃
本族的僧侶集團，而且還奠定了以藏文
書寫的佛教典籍基礎。這一局面的形成
標誌著佛教戰勝苯教而完全立足於吐

▲ 桑耶寺建寺石碑

蕃。這一時期佛教雖然在吐蕃取得正統地位，但是宗教派別間的鬥爭依然尖
銳，特別是佛教與苯教間的矛盾更為激烈。在雙方爭執不下時，贊普決定讓佛
教與苯教辯論，獲勝者可得弘揚，失敗者被禁廢。七五九年，發生了佛教與苯
教之間的第三次爭鬥，最後以佛教的勝利而告終。

當佛教在吐蕃得勢並邁向發展之際，在內部，從印度和漢地傳入的佛教之
間出現矛盾，特別是兩地學僧在解釋或修習佛教的教理、儀軌方面產生分歧，
甚至拉幫結派，極力排斥對方。從總的情況來看，當時的吐蕃佛教以寂護為代
表的印度佛教占主導地位。因為寂護是印度大乘佛教中觀派清辯論師的五傳弟
子，屬印度佛教顯宗的正統，以大乘佛教的中觀思想為佛學觀點，以發菩提
心、修六波羅蜜多為修持宗旨，並遵循佛教根本戒律，即別解脫戒。寂護之所
以在吐蕃佛教中享有聲譽，關鍵在於他為佛教立足於吐蕃社會作出了巨大貢
獻。譬如，他既舉薦蓮花生進藏降伏苯教諸神靈，為佛教在吐蕃順利傳播開闢

了道路，又主持桑耶寺的創建工程，為佛教在吐蕃得以弘揚造就了良好的客觀條件；此外，寂護還親自擔任堪布為吐蕃本族出家人授比丘戒，建立僧伽隊伍，為佛教的持續發展創造組織保障。寂護去世後，從吐蕃占領地迎請的以摩訶衍那（即摩訶衍）為首的不少僧人，開始在吐蕃大力宣講佛法，闡述自己的佛學觀點，尤其是倡導一種簡便易行的修持佛法的法門，並且得到許多吐蕃本族出家人的關注欣賞和踴躍參與。跟隨者與日俱增，導致與追隨寂護的中觀宗一派的僧人直接衝突，釀成吐蕃佛教內部的第一次辯論事件，史稱「頓漸之爭」。

　　許多藏傳佛教史書對此事件都作了詳略不等的記述。《布頓佛教史》中這樣記載：「蓮花戒到吐蕃後，贊普坐於中央上座，和尚一派安排在右排座位，蓮花戒在左排座位入坐，『漸門派』一行跟隨其後。贊普將兩個花圈分別送給兩派大師，並下令讓他們發誓，敗者向勝者獻花圈，而且敗者不能留住吐蕃。摩訶衍那講道：『奉行善業或不善業，可入善趣或惡趣，而不能解脫輪迴，甚

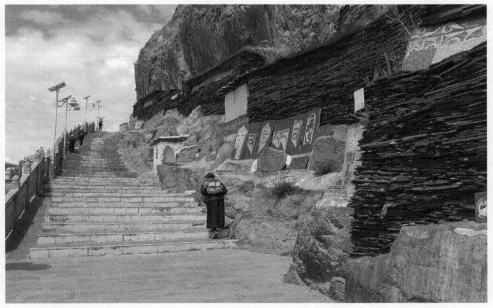

▲ 拉薩藥王山上的石刻佛經

▲ 桑耶寺內的蓮花戒壁畫像

至成為成佛之障蔽。這就像烏雲或是白雲都可遮蔽天空一樣。如誰對任何無念、無思的話，他將會解脫輪迴。對任何無念、無分別、無觀察，此乃無執著。由此可頓入禪定，猶如直達菩薩十地。」蓮花戒辯道：『如此對任何無思維，實際上就是舍離妙觀察智。而妙觀察智是清淨慧的根本，因而舍離妙觀察智就等於擯棄了出世間之智慧。如無妙觀察智，任何瑜伽行者均處於無分別境。如果一切法是無念、無思的話，其所有實踐者，則不能無念、無思維。如果自以為我可以不唸佛法，這本身就是一種很強的思維活動。如果僅作為無思念的話，當處於昏迷狀態之際，就是無分別。沒有一個以妙觀察智之外的方法，使其入住無分別境。抑制思念且無妙觀察智，如何能將一切法視為無自性。如同無證得空性，不能斷離障蔽一樣。因此，以清淨慧遠離一切假象；在思念中不可無念；如無思念與思維，怎能成為記憶往昔住處和通達一切者，以及如何脫離煩惱。所以，以清淨慧抉擇勝義的瑜伽行者，知一切三時內外皆自性空，即刻寂靜分別心而舍離一切邪見，依此圓滿方便和智慧，斷除一切障蔽，通達一切佛法。」[15]

　　這場辯論會規模大、規格高，由吐蕃贊普親自主持，雙方參加者越百人，而且雙方在辯論前都作了充分的準備。如摩訶衍引進《般若廣品》等深奧經研習，並整理出《修法不需經典睡眠即可》、《禪定睡眠輪》、《禪定複述》、《禪

15 布頓・仁欽珠著：《布頓佛教史》（藏文版），中國藏學出版社，1988 年，第 188 頁。

▲ 拉薩藥王山上的石刻佛菩薩像

定再複述》、《理成觀見》、《義立論八十種經源》等理論依據；蓮花戒也著有
《修行三次第論》等。最後以摩訶衍和尚為首的頓門派以失敗而告終。但在敦
煌漢文佛教文獻《頓悟大乘正理決》中又認為，以摩訶衍為首的漢僧在頓、漸
辯論中獲勝。實際上，當時吐蕃贊普判定以蓮花戒為首的漸門派獲勝，將摩訶
衍等和尚遣送回漢地，有關頓門派的經典埋在地下成為伏藏，從此吐蕃僧人不
准修習頓門派之法，奉行十法行和六波羅蜜多，遵循律學，在密宗方面，除修
持事、行、瑜伽三續外，暫不可多譯無上瑜伽續。在吐蕃發生頓、漸之爭後，
雖有不少佛教唯識宗學派僧人到吐蕃宣講其佛學觀點，但依然主要弘傳寂護大
師及其弟子蓮花戒論師等的大乘中觀自續派之見修。不難看出，寂護大師所開
創的大乘佛教的中觀思想始終是藏傳佛教前弘期的主流。

　　由於赤松德贊為佛教立足於吐蕃作出突出貢獻，藏傳佛教信徒對他評價很
高，頌揚赤松德贊是聖文殊菩薩的化身，是吐蕃三大法王之一。赤松德贊去世

後，其子牟尼贊普繼位。雖然這位贊普執政時間只有一年九個月，但是他嚴格奉行父王赤松德贊的興佛國策，為推動佛教的進一步發展作出了一定的貢獻。牟尼贊普制定臣民供養桑耶寺的制度，定期舉辦供養律藏和論藏的法會，曾三次改革平衡臣民的貧富懸殊，大力倡導臣民積極向佛法僧三寶佈施，爭取僧俗及政教雙雙興旺發達。牟尼贊普去世後，尤其弟赤德松贊繼位，繼續推進佛教的發展。赤德松贊在位期間，維修和擴建歷代贊普創建的寺院與佛殿，開始校勘以前所譯佛經，統一佛經翻譯規則，釐定藏文詞語。創建噶瓊多杰洋寺，同時在大昭寺和桑耶寺等寺院建立了十二處講經院，在耶爾巴和青浦等聖地建立了十二處修行院，進一步推動了吐蕃佛教的發展。

## （二）赤祖德贊弘法措施

赤德松贊去世後，尤其子赤祖德贊繼位。赤祖德贊（又名赤熱巴堅，815-841 年在位）時期，是吐蕃佛教的鼎盛時代。這位贊普在前任幾代贊普開創的良好基礎上，將吐蕃佛教推向發展高潮。赤祖德贊主要採取了幾項有利於弘揚吐蕃佛教的措施：第一，敕令核定舊譯佛經，使譯經工作走向標準化、正規化。因為以往的佛經大多是從印度、漢地、尼泊爾、西域、迦濕彌羅等不同地區的不同文種翻譯而來，而且都是不同時期由不同地區的僧人翻譯，不但譯經的語詞不統一、無規則，而且語義艱澀難懂，對在吐蕃社會中傳播佛教極為不便。赤祖德贊邀請大批外籍僧人，主要是從印度邀請的高僧大德，他們協助吐蕃學僧釐定佛經譯語，以及解答佛經翻譯中出現的疑難問題。首先將佛教大小乘中的宗教術語從梵文譯成藏語，並釐定藏語名詞，然後編輯成一部目錄大集，即《翻譯名義大集》。該書是一部新制定的譯語詞彙集，同時又是一部梵藏對照詞典，是一部梵藏翻譯工具書。

據藏文史籍記載，吐蕃時期共三次釐定藏語，其中最後兩次就是在赤祖德贊在位期間進行的。三次釐定，共編輯了三部工具書，即《翻譯名義大集》和兩卷本譯語釋。後者是在前者的基礎上再次增補或訂正，既有列舉又有釋疑的

大型工具書或翻譯理論書。在兩卷本譯語釋中列出許多梵文和藏語的疑難詞彙，並對其作出解釋，指出正確的譯法。這些翻譯理論書或工具書都收錄在藏文大藏經中。經過三次釐定譯語，吐蕃的譯經事業更加繁榮。赤祖德贊在完成釐定譯語工程之後，便頒布命令，無論何時均不得踰越釐定譯語的規則翻譯佛經；譯經人員必須學習釐定譯語的規則，將過去翻譯的佛經，以新釐定的譯語或術語來重新審定或訂正。隨著釐定譯語的出臺以及嚴格實施，吐蕃的譯經事業走向正規化。現存藏文大藏經所收錄的吐蕃時

▲ 雍布拉康宮殿內供奉的赤熱巴堅像

期的佛教典籍，幾乎都符合新釐定譯語的規則。這些工程都是在赤祖德贊時期完成的。當譯經工程基本結束，並積累一定數量的佛經之後，大約在八二四年，第一部佛經目錄《丹噶目錄》編纂完成。因為這部目錄是吐蕃學僧在堆塘的丹噶宮殿中編纂而成，故名《丹噶目錄》。之後，又相繼編纂了《青浦目錄》和《龐塘目錄》。其中《龐塘目錄》的重要意義在於它是按照經部和論部的分類編纂而成，對以後大藏經的編纂體例產生一定影響。遺憾的是，《青浦目錄》失傳，只有《丹噶目錄》和《龐塘目錄》流傳至今，成為後來編纂藏文大藏經的主要依據，並已收錄在藏文大藏經中。三部目錄成為藏文大藏經的雛形或源頭，奠定了藏文大藏經的基礎。

赤祖德贊時期，在拉薩河中游的南岸，創建了吐蕃歷史上最著名的九層金頂宮殿，稱為「烏香多宮殿」，它既是宮殿又兼作寺院。烏香多宮殿的建築形式，《西藏王臣記》有記載：「底部三層用石料，中部三層用磚料，頂部三層

用木料築成。」[16]其建築形式別具一格，壯觀無比，「形如大鵬衝天飛翔」。烏香多宮殿的頂部三層中供奉著贊普的本尊神像，並在頂層走廊內安排僧人講經說法；中部三層中居住著被供養的僧侶，底部三層中設立王臣住處。出家僧侶享有優厚的物質生活條件和特權。比如，建立僧侶在烏香多等宮殿或寺院裡時常念誦佛經的制度，規定每七戶人家供養一位僧侶，並制定刑法，如有人反對佛教或輕視僧侶，便用刑罰來懲治。甚至在吐蕃王朝中設立宗教大臣，由鉢闡布貝吉永丹擔任，其地位排在其他大臣之前，可直接干涉對內對外的軍政大權。為了提高整個僧眾的社會地位，赤祖德贊還以身作則，在自己的髮髻上繫一條長長的絲巾，絲巾下端敷於僧座，令僧眾坐在上面。由此可見，在赤祖德贊時期，佛教及其僧侶受到極高的禮遇，從而激發佛教僧侶的積極性，使佛教在吐蕃得以發揚光大。赤祖德贊時期，佛教寺院在吐蕃社會中逐漸成為一個獨立的社會實體。許多寺院不僅擁有屬民和特權，而且占有土地、牧場和牲畜。從此，佛教僧人中的一部分開始轉化成擁有寺屬莊園的地主階級。

從松贊干布開始，在政治、經濟、文化諸領域，吐蕃王朝採取自由而開放的政策，這加強了藏族傳統文化（主要指苯教）與外來文化（主要指佛教）之間的融合，最終形成藏傳佛教這一打上苯教文化烙印的佛教派系。

## （三）朗達瑪贊普滅法事件

赤祖德贊對於佛教的熱情，及其推崇佛教的一系列措施，直接損害一些臣民的政治和經濟利益，從而引起部分臣民的強烈不滿。他們祕密策動推翻現政權和取締佛教的政治運動，這些不喜佛法的臣民的陰謀屢屢得逞。他們首先謀殺了宗教大臣鉢闡布貝吉永丹，之後又陷害赤祖德贊崇信佛教的哥哥臧瑪，最後謀殺了赤祖德贊，推舉不喜佛法的赤祖德贊的哥哥朗達瑪繼任吐蕃贊普，掃

---

16 阿旺・羅桑嘉措（即五世達賴喇嘛）著：《西藏王臣記》（藏文版），民族出版社，1981年，第73頁。

▲ 位於阿里地區仁多鄉的佛塔

除一切障礙後，便拉開了毀滅佛教的序幕。幾乎所有藏傳佛教史書對朗達瑪的
滅佛事件都有詳略不等的記載。這是佛教在吐蕃經過二百年的傳播發展，正處
於鼎盛時期，不幸遭遇的法難事件。

　　這場由反佛大臣策劃，朗達瑪贊普親自下令掀起的聲勢浩大的滅佛運動，
不僅取消了昔日由吐蕃王室保護廣大僧眾的一切法令，而且剝奪了寺院及僧眾
的所有財產和享有的一切政治特權，從而使佛教在吐蕃的整個組織被徹底粉
碎，佛教僧侶皆被從寺院驅逐出去，並強迫僧眾還俗，甚至讓佛教僧侶去狩獵
或當屠夫，不從命者皆遭殺戮。僧人大都逃往民間，不得不重新回到世俗生活
中，成為負擔差稅的普通平民。贊普還下令封閉所有寺院和佛殿，首先從大昭
寺、小昭寺和桑耶寺等著名寺院動手，將所有佛寺內的佛像或埋在地下（如大
昭寺和小昭寺內的不動金剛佛與釋迦牟尼兩尊佛像就被埋入地下）、或拋入水
中、或搗毀。佛教經典也同樣遭到毀壞，或燒燬、或投入河中，當然也有不少
佛經被信佛群眾藏匿起來。寺院和佛殿裡的佛教供品被搗毀之後，用泥巴把寺

▲ 白度母（古格壁畫）

院和佛殿封閉起來。從此，吐蕃佛教進入瀕臨滅絕的黑暗時期。

在藏傳佛教史上，朗達瑪的滅佛事件是一個重大歷史事件。後來史家以此為界，將藏傳佛教通史分為「前弘期」和「後弘期」。「前弘期」是指七世紀中葉（從松贊干布算起）至九世紀中葉（朗達瑪滅佛為止），這段時期長達二百年之久。隨著朗達瑪滅佛事件，吐蕃王朝在政治上的統一局面也開始全面崩潰。以朗達瑪贊普為首發動的滅佛運動，大大傷害了廣大佛教信徒的宗教感情。當時佛教信徒對朗達瑪贊普恨之入骨，從而又導致另一場佛教徒謀殺吐蕃贊普的殘酷事件。朗達瑪逼迫佛教僧侶脫下袈裟上山打獵的情景，被一位山中修練佛教密宗的大師看見。他在忿怒之下產生殺害贊普的念頭。這位密宗修練者叫拉隆貝吉多杰，他當時在吐蕃著名的佛教修行處之一的札耶爾巴修練，看見佛教徒遭遇的慘狀，便攜帶弓箭下山，藉機刺殺迫害佛教徒的頭號敵人，即朗達瑪贊普。根據藏文史書記載，朗達瑪贊普在拉薩大昭寺前閱覽碑文時，被拉隆貝吉多杰以叩見為由射箭殺害。刺殺成功後，拉隆貝吉多杰夜以繼日地逃離吐蕃的政治中心，到達了安多地區。

朗達瑪贊普被刺殺後，吐蕃王室分化成兩派，各自支持兩位年幼王子中的一人來繼承贊普位。隨之發生內戰，爆發平民起義，吐蕃王朝很快被推翻，以前統一的吐蕃王朝分裂成若干個小邦，從此吐蕃地區進入一個地方割據勢力紛

爭時代。藏傳佛教雖然進入所謂的百年黑暗時期，但並沒有因朗達瑪的禁廢而壽終正寢。相反，吐蕃王朝的覆滅以及政治上的大動盪給以後藏傳佛教的復興或發展創造了良好的外部條件。在藏族地方割據勢力紛爭時代，藏傳佛教走向民間，完全成為民眾自由信仰的宗教對象，不再像以往那樣由王室權力機構統一領導，也不再聽命於宗教團體的嚴密管理。佛教在「前弘期」內已經贏得吐蕃人民的普遍信仰，並在廣大底層群眾中產生積極影響，這是後來藏傳佛教在藏族地區的復興或發展的重要基礎。也就是說，吐蕃王朝的覆滅以及藏族地方割據勢力的形成，為藏傳佛教的復興或發展創造了一個嶄新的自由而廣闊的空間，藏傳佛教進入「後弘期」。

# 三 藏傳佛教的發展

藏傳佛教的發展和復興，是在藏傳佛教史上的「後弘期」。朗達瑪贊普於八四一年滅佛，經過七十年或一百年之後，即十世紀初或十世紀中葉，藏傳佛教在青藏高原再次弘傳起來。朗達瑪滅佛之後，佛教戒律等佛法的核心傳承雖然被中斷，但是在廣大的民間仍有許多所謂的佛法修行者。這部分不穿袈裟的在家居士一邊祕密修持佛教密法，一邊又悄悄保護寺院、佛殿、經書和佛像等。他們既為藏傳佛教的繼承作出了貢獻，又為藏傳佛教的復興打下了基礎。比丘戒僧侶的大量出現以及大興土木重建佛教寺院，可作為「後弘期」開始的重要標誌。朗達瑪的滅佛運動中斷了傳授戒律的聯貫性，佛教一旦沒有條件舉行常軌的受度儀式，就談不上發展僧侶組織。同樣，佛教如果沒有龐大的出家僧侶集團作為骨幹或核心力量來發揚光大，也就等於紙上談兵。根據藏文史料記載，十世紀在藏族地區又開始出現大批出家僧侶和重建寺院的熱潮。東部安多地區和西部阿里地區率先掀起復興藏傳佛教的運動，在藏傳佛教史上被稱為下路和上路弘法之火，從此藏傳佛教「後弘期」全面開始。

## （一）下路復興

就在朗達瑪贊普滅法之際，有三位藏族出家僧侶攜帶重要佛經祕密逃到邊遠地區，保留了佛教的戒律傳承。三位僧人分別是藏・饒賽、約・格瓊和瑪・釋迦牟尼。當他們在吐蕃著名的佛教修行勝地曲沃日閉關修行時，親眼看到被逼迫上山打獵的佛教僧侶，並得知朗達瑪贊普正在迫害佛教徒的消息，於是他們用一匹騾子馱載《毗奈耶經》等律藏經典，逃到西部阿里地區。阿里地區不能安身，又去往葛洛地方（勃律），該地因語言不通而不能傳播佛法，最後繞道霍爾地方到達安多地區（今青海東部藏族地區）。三位僧人就在此地找到安身之所，他們先後在丹斗水晶石窟（位於今青海省化隆縣和循化縣交界處）、

金剛岩和阿瓊南宗（兩地在今青海省尖扎縣）等地修行和傳教。三位僧人在特殊歷史背景下堅持修法傳教，為藏傳佛教前弘期和後弘期的接軌作出貢獻。這三處地方因而成為藏傳佛教的重要聖地。根據《西藏王統記》記載，藏·饒賽、約·格瓊和瑪·釋迦牟尼三人從曲沃日逃走後，緊接著又有二人從曲沃日逃走。這二位是噶沃卻札巴和榮頓僧格堅贊，他倆逃走時同樣攜帶了佛教主要經典，如《俱舍論》（mngon pa mdzod）等佛經，最後也不約而同抵達東部安多藏族地區的阿瓊南宗。謀殺朗達瑪贊普的修行僧拉隆貝吉多杰也攜帶《羯磨經》、《具光明律藏》等律藏經典，緊隨其後來到東部安多藏族地區。因殺害朗達瑪贊普而感到自己罪孽深重，他便常住金剛岩洞內單獨閉關修行。

由於吐蕃佛教中心的六位比丘僧相繼抵達，並持有佛教重要經典律藏，東部安多藏族地區一時成為繼承藏傳佛教的中心。當時在整個藏族地區既沒有比丘僧僧團，又沒能保留下律藏經典，唯有安多藏族地區具備授戒出家人、發展

▲ 藏傳佛教下路復興聖地──青海省尖扎縣金剛岩

僧團組織的條件，主要由聚集在安多藏區的六位高僧中的藏·饒賽、約·格瓊和瑪·釋迦牟尼培養律藏繼承人，建立比丘僧組織。他們培養的第一位比丘僧就是後來在藏傳佛教界享有盛名的喇欽貢巴饒賽。他原是當地一位名叫蘇賽桑的苯教大師的侄子，原名叫牟索賽巴，十五歲時，遇到藏·饒賽、約·格瓊和瑪·釋迦牟尼三位來自藏傳佛教中心前藏的比丘僧，並對他們產生信仰之心，積極要求出家受戒，成為一名佛教僧人。三位比丘僧覺得牟索賽巴是一個聰慧善良的年輕人，為考察他能否皈依佛教成為一名佛教繼承人，首先向牟索賽巴傳授佛教知識，借給他佛教戒律典籍《毗奈耶經》，讓他在自家先掌握有關佛教戒律知識。如果他能夠對佛教產生堅定不移的信仰之心，再給他授戒。牟索賽巴閱讀《毗奈耶經》後，果真對佛教產生一種強烈的虔誠之心。當時牟索賽巴一邊讀經一邊流淚，他對佛教的信仰油然而生，於是取法名為格瓦賽，並出家。五年後，格瓦賽達到授受比丘戒的條件，剃度出家，受比丘戒。

牟索賽巴受戒出家，全面修習佛法，最後成為一名博通佛教經律的高僧，在藏傳佛教後弘期初期享譽整個藏區，被尊稱為喇欽貢巴饒賽。根據《安多政教史》記載，喇欽貢巴饒賽除了在自己的幾位授戒上師座前研習佛法外，還赴北方依止跟隨果榮僧格札的老僧系統學習律藏。這位老僧向喇欽貢巴饒賽贈送了律分別、律本事、律雜事和律上分四部毗奈耶，並囑咐其嚴格繼承佛教正統。喇欽貢巴饒賽返回後，拜噶沃卻札巴為師，學習《般若十萬頌疏》和《大乘對法藏》等佛經，歷時十二年之久。根據《青史》記載，喇欽貢巴饒賽的佛學知識和道德行為，得到丹斗一帶群眾的認可，逐步產生積極影響。因此，喇欽貢巴饒賽把丹斗地方作為自己的宗教活動中心，開展供養佛教三寶、祭祀護法神等宗教活動，並向當地諸神靈祈求，護佑自己的弘法事業。隨著信徒的不斷增多和本地有勢力人家的資助，喇欽貢巴饒賽在丹斗地方開始創建寺院、佛塔等佛教建築物。著名的丹斗寺就是在這一時期建成的。在丹斗寺，喇欽貢巴饒賽的聲望日益提高，出現不少慕名前來丹斗寺出家為僧者。喇欽貢巴饒賽在該地居住三十五年，八十四歲圓寂。根據藏文史書，在喇欽貢巴饒賽座前最先

出家受比丘戒的是巴果益西雍仲，其次是帕奈丹札巴，史稱巴、帕二僧；此後依次有四對八人剃度出家，前後產生十位比丘僧。其中巴果益西雍仲繼承了喇欽貢巴饒賽的戒律傳承，向他的弟子鄭益西堅贊授予比丘戒。

▲ 下路弘法復興之地——青海省丹斗寺

喇欽貢巴饒賽在安多藏區繼承佛教律藏，發展佛教比丘僧，弘揚佛教的消息，很快得到前藏領主的積極響應。當時西藏的前藏地區由朗達瑪贊普的兒子永丹的子嗣們統治著。查納益西堅贊就是扶持藏傳佛教復興的後弘期著名人物，是當時西藏前藏桑耶地區的領主。他立即派出佛教徒前去受戒並引進佛教律藏傳承。當時陸續抵達安多丹斗寺的佛教徒主要有：前藏五人即魯梅茨誠喜饒、章益西永丹、熱希茨誠迥奈、巴茨誠羅追、松巴益西羅追，後藏五人即羅頓多杰旺秀、聰增喜饒僧格、阿里巴奧杰兄弟兩人和普東巴歐帕第噶。

前後藏共十人先後到達安多丹斗寺，都在喇欽貢巴饒賽的再傳弟子、持有律藏直系傳承的鄭益西堅贊座前受比丘戒，並迎請到律藏傳承。他們相繼返回西藏，各自在前後藏收徒弟，發展出家僧侶隊伍，建造寺院。

前藏的五位佛教徒為藏傳佛教後弘期的興起作出貢獻。五人返回前藏時，桑耶地區的領主查納益西堅贊已去世，但受到其子赤巴領主的熱烈歡迎，而且受到嘉獎。最初他們共同建造了娘麥堅恭寺，這是藏傳佛教後弘期內的第一座寺院。之後，他們各自分散經營寺院。其中，魯梅茨誠喜饒在桑耶地區擔任噶瓊佛殿的管理者，熱希茨誠迥奈兄弟任格杰協瑪林的管理者，章益西永丹任侃松桑康林的管理者，巴茨誠羅追任桑耶主殿的管理者。其後，為了在前藏拉薩

地區發展各自的宗教勢力，他們又大興土木，建造寺院。這些都標誌著西藏的前藏地區進入了藏傳佛教後弘期。

魯梅茨誠喜饒建造拉木恰都寺作為自己宣講佛法的根據地，培養了四大徒弟。其中，珠麥茨誠迥奈建造索納塘欽寺作為據點，由此產生塘系學派；香納南多杰旺秀建造熱查寺和杰寺作為據點，由此產生香系學派；多強曲迥奈建造耶巴帕熱寺作為據點，由此產生多系學派；蘭益西喜饒建造嘉賽崗寺作為據點，由此產生蘭系學派。此四系學派總稱為魯梅學部。

松巴益西羅追在卓薩塘地方建造美查寺，不久衰微，也就沒有傳承；熱希茨誠迥奈在墨竹地方建造昌歐寺作為據點，由此產生熱學部；巴茨誠羅追在彭波地方建造南巴吉布寺等許多寺院作為據點，由此產生巴學部；章益西永丹在彭波地方建造恩蘭吉莫寺作為據點，由此產生章學部。

以上五位前藏僧人中除了松巴益西羅追外，其餘四人不僅在前藏拉薩地區逐步建立各自的根據地，而且不斷壯大自己的宗教勢力，他們相互間漸生矛盾，最後發生了戰爭。「藏曆第二饒迥火狗年，即一一〇六年，魯梅部與巴、熱兩部在桑耶地區交戰，桑耶寺四周的大多佛殿被火燒毀，桑耶寺的圍牆倒塌。當務之急，由熱譯師多杰札修繕，當時從澳喀地方運來大量木材，召集五百名工匠，歷時兩年多，耗費十萬多斗糧食，才完成修復工程。藏曆第三饒迥鐵龍年，即一一六〇年，在拉薩、雅隆、彭波等地的上述四部之間又開始長期的戰爭，使拉薩大昭寺、小昭寺、昌珠寺等受到嚴重破壞。當時由達布拉杰的弟子達貢茨誠寧布出面調停了四部間的戰事，在此基礎上維修了拉薩的大小昭寺，並將兩座寺院託付給當時拉薩地區在經濟、軍事方面勢力最強的貢唐喇嘛祥（是後來蔡巴噶舉派的創始人）來管理。」[17]魯梅茨誠喜饒、巴茨誠羅追、熱希茨誠迥奈和章益西永丹四部，雖然在宗教上沒有派別之分，但是他們為了

---

17 東噶・洛桑赤列著：《論西藏政教合一制度》（藏文版），民族出版社，1981年，第54-55頁。

▶ 拉薩大昭寺西門廣場

▶ 山南地區昌珠寺

壯大各自的政治、宗教和經濟勢力，相互間長期處於戰爭狀態。藏傳佛教後弘
期從一開始就蒙上政治陰影。

## （二）上路復興

　　藏傳佛教在下路復興的同時，在西藏的西部阿里地區也掀起復興藏傳佛教
的運動，被稱為上路復興。

　　在朗達瑪被刺殺後，朗達瑪贊普的兩個兒子即永丹和奧松分成兩派，相互
間長期內戰，最後奧松一派在前藏地區兵敗，便逃往西部阿里地區，建立根據
地。奧松之子為柏柯贊（865-898），據說曾修復寧麥、卓埔麥隆等八座寺院；

柏柯贊有兩個兒子，即基德尼瑪貢和赤札西澤貝柏。此時，永丹王系的後裔在前藏一帶完全摧毀基德尼瑪貢和赤札西澤貝柏的軍事力量，赤札西澤貝柏退居拉堆地方，後來默默無聞；而基德尼瑪貢則逃到西部阿里地區，在這裡建立政權，逐步發展壯大。基德尼瑪貢有三個兒子，即長子柏基貢，他統治芒域等地區（今拉達克地區），後來建立拉達克王統世系；次子德祖貢，他統治布壤等地區；老三札西貢統治象雄等地區（今西藏阿里地區），後來建立古格王朝。他們被史家稱為阿里三王或上部三貢，藏區地理概念上的阿里三圍之稱呼由此而來。其中札西貢有兩個兒子，即柯熱與松貝；柯熱又有兩個兒子，即納嘎熱札和德哇熱札。柯熱在他的晚年，對藏傳佛教產生敬仰之心，並發願按祖先之先例，弘揚藏傳佛教。於是柯熱將王位讓給弟弟松貝，自己在一尊佛像前自行領受戒律，成為一名出家僧人，取名為拉喇嘛益西沃。隨之拉喇嘛益西沃的兩個兒子即納嘎熱札和德哇熱札也跟著父親出家為僧。拉喇嘛益西沃是第一個在阿里地區開展弘法事業的人物，在復興藏傳佛教的過程中作出巨大貢獻，成為

▲ 禮佛圖（古格壁畫）

▲ 阿里地區托林寺

上路復興的開創者，他的名字與下路復興的開創者喇欽貢巴饒賽一起載入藏傳佛教史冊。

　　拉喇嘛益西沃首先在阿里地區仿照前藏的桑耶寺創建了托唐柏吉拉康，即後來的托林寺。該寺位於今阿里地區扎達縣扎桑區，它是藏傳佛教上路復興時期的第一座寺院，也是藏傳佛教後弘期的主要道場之一。同時，拉喇嘛益西沃選派七名出身高貴的聰慧青年以及十四位僕從共二十一人去克什米爾求學佛法，其中大多數因氣候炎熱等原因染病致死，只有仁欽桑布和俄勒貝喜饒二人圓滿完成學業，攜帶佛經返回故鄉，從事佛經翻譯，後人稱他們分別為大譯師和小譯師。

　　大譯師仁欽桑布（958-1055），生於阿里地區，十三歲在堪布益西桑布前剃度出家，青年時代曾多次赴克什米爾，先後拜七十五位班智達，廣泛學習佛教顯宗和密宗理論，在佛教學業上取得很高的成就，並成為當時藏傳佛教界最璀璨的一顆明珠。阿里王拉德贊不僅封仁欽桑布為首席供施對象，而且拜他為

▲ 阿里地區托林寺古佛塔

▲ 阿里地區古格王朝遺址上的佛殿壁畫局部

自己的金剛上師，同時還從布尚劃分部分地區作為宗教活動基地，並倡建數座佛殿，一起奉獻給仁欽桑布，作為他在佛學上取得偉大成就的獎賞。在得到阿里王的大力支持後，仁欽桑布在以古格為中心的地區主持建造了許多佛殿和佛塔，如查札佛殿、榮地佛殿等。

仁欽桑布將自己一生的主要精力都投入到譯經事業。他先後翻譯了許多顯密經論，尤其是翻譯了大量的佛教續部經典，從此藏傳佛教新密續開始建立。仁欽桑布一共翻譯了十七部經藏、三十三部論藏、一百零八部密宗（怛特羅），而且密宗譯經中包括《集密》、《攝真實經》、《慶喜藏釋》等重要密宗典籍。此外，根據新的梵文版本的佛經，仁欽桑布修訂了一些以前所譯的藏文佛經。後人以仁欽桑布翻譯密宗典籍為界，將此前吐蕃時期譯師們翻譯的密宗典籍稱為舊密咒（宗），將包括仁欽桑布在內的譯師們翻譯的密宗典籍稱為新密咒（宗）。因此，仁欽桑布成為藏傳佛教史上有代表性的大翻譯家。另外，小譯師俄勒貝喜饒在阿底峽進藏後隨他學法，成為阿底峽尊者的三大弟子之一。

據藏文史料記載，當時拉喇嘛益西沃不僅派遣阿里地區的本地僧人赴克什米爾等佛教興隆地區求法，同時還邀請外籍高僧大德到藏族地區弘法，曾先後邀請東天竺的大班智達法護及其上首弟子妙護、德護、智護等進藏宣講律藏，他們給

▲ 仁欽桑布佛經譯著目錄

古格地區的嘉威喜饒授予比丘戒，由此傳出的戒律傳承被稱為「上路律學」。

　　為邀請到更多的印度高僧大德，拉喇嘛益西沃親自外出奔走，不幸在途中被葛祿邏人的軍隊逮捕。葛祿邏人向古格王朝索要與拉喇嘛益西沃等身的黃金，才能釋放他回鄉。據史料記載，古格王松貝之子拉德有三個兒子，即喜瓦沃、絳曲沃和沃德。其中絳曲沃是出家人，尊稱為拉喇嘛絳曲沃，當時由他收集贖金，但贖金未達到等身量而未能贖回人質。然而，拉喇嘛益西沃則借此見面之機，對拉喇嘛絳曲沃再三叮囑不要為贖他而浪費金銀財寶，一定要用贖他的重金去邀請印度高僧阿底峽。不久，拉喇嘛益西沃在異國他鄉去世，而他的願望經後人的努力得以實現。

　　根據《布頓佛教史》，拉喇嘛益西沃時期，由尼泊爾譯師班瑪日澤邀請班智達彌底和查拉讓帕進藏傳法，但譯師犯胃病去世，兩位班智達因不懂藏語而在前後藏一帶流浪。其中彌底在一個叫達那的地方為人家放羊維持生活，後來被切斯札帕‧索南堅贊發現，被請到曼隆講法，並赴康區的丹隆塘地方建立《俱舍論》的講習院。後來彌底成為一名藏語言專家，翻譯了《四座》、《文殊明智法門》以及《勝觀佛密義》等許多佛經；在朗曲金殿著述了《語門論》或

▲ 佛母（古格壁畫）

稱《口劍論》，這不是佛教著作，而是一本涉及梵文、藏文之詞彙、語句等語言學專著，在藏族古典語言學著作中具有重要地位。

古格王拉德時期，邀請克什米爾的大班智達釋迦室利來藏傳法，他在古格地區主持翻譯了較多佛教經論，還傳授佛教戒律，由此傳出的戒律傳承，被稱為「班欽律學」，其意為從大班智達釋迦室利處傳承下來的佛教戒律學。

拉喇嘛絳曲沃遵照叔叔拉喇嘛益西沃的遺言，先後派遣藏族譯師嘉尊智僧格和那措茨誠嘉瓦，攜帶大量黃金前往印度，迎請著名佛教大師阿底峽尊者進藏弘法，幾經周折，最終如願以償。阿底峽尊者入藏傳法，從而掀起藏傳佛教復興的高潮，推動了重振藏傳佛教正統的進程。至此，後弘期藏傳佛教在整個藏族地區得到全面弘傳。如果說藏傳佛教下路復興以繼承佛教戒律傳承為其主要特色，那麼藏傳佛教上路復興則以翻譯佛經為其主要特色。下路復興點燃了藏傳佛教後弘期之火，上路復興則使藏傳佛教後弘期之火熊熊燃燒起來。

在「後弘期」，藏傳佛教無論在傳教範圍上，還是在信教群眾對佛教的信仰程度上，皆遠遠超過「前弘期」。後弘期的藏傳佛教，興佛規模是空前的，並經歷了一段比較漫長的時期。如從十世紀末算起，至十五世紀初格魯派創立為止，將近五百年之久。從宗教發展史的角度看，後弘期是藏傳佛教的繁榮時期，產生了許多互不隸屬的宗派，形成了自己的宗教文化特色，並出現了活佛轉世這一特有傳承模式。

▲ 阿里地區古格王朝遺址

藏傳佛教的絕大多數宗派（除格魯派以外），是從一〇五七年至一二九三年間相繼產生的，

▲ 阿里地區古格王朝遺址上的佛殿內部建築結構

十一至十三世紀是藏傳佛教後弘期的大發展時期。出現這種宗教上的繁榮時期，主要由於這一時期藏族地區社會相對穩定、經濟相對興旺，而且在藏傳佛教界人才輩出，宗教活動十分活躍。

從十三世紀後期開始，藏傳佛教開始向周邊其他民族地區傳播，走出了單一的藏族文化圈。在中國，藏傳佛教遍布於西藏、青海、甘肅、四川、雲南、內蒙古、新疆等地方，為藏族、蒙古族、土族、裕固族、納西族、普米族等民族的絕大多數群眾所信仰。在國外，諸如不丹、尼泊爾、印度、蒙古人民共和國、俄羅斯的部分地區，以及美洲、歐洲的不少國家都有藏傳佛教的寺院和信奉者。藏傳佛教不僅是中國佛教的重要組成部分，而且具有世界性影響。

# 四 藏傳佛教宗派

藏傳佛教在中國分布範圍較廣，內部宗派較多，寺院林立，僧尼信徒眾多，社會影響比較大，不僅對藏族地區的政治、經濟、文化等領域產生巨大影響，而且對周邊民族地區也產生了一定影響。

## （一）寧瑪派

寧瑪派（rnying ma pa），是藏傳佛教的重要宗派之一。「寧瑪」（rnying ma）一詞的意思為「古」或「舊」，寧瑪派即古派或舊宗派。寧瑪派取名為古派或舊派，主要是它繼承了從「前弘期」流傳下來的密教思想以及相關儀軌，俗稱「紅教」或「紅帽派」，這是依據寧瑪派僧侶頭戴紅色僧帽而命名的。寧瑪派認為，該宗派的教法儀軌等均傳承於藏傳佛教「前弘期」的蓮花生大師。因此，寧瑪派便成為藏傳佛教諸多宗派中歷史最為悠久的一支。

寧瑪派作為一支獨立的宗派，也是在「後弘期」中形成的，因為在「前弘期」時沒有宗派之分。由於早期的寧瑪派採取師徒和父子相傳的傳教形式，既沒有形成統一的系統教義，又沒有固定的權威性寺院，而且其僧侶組織比較鬆散。後期，寧瑪派的教義及其傳承比較龐雜，大致可歸納為三種傳承：遠者經典傳承、近者伏藏傳承和甚深淨境傳承。

在藏傳佛教「後弘期」的初期階段，有三位寧瑪派大師為寧瑪派的形成起到了關鍵性作用。三位大師史稱「三素」，即索波切·釋迦瓊乃（1002-1062）、索瓊·喜饒札巴（1014-1074）和索·釋迦桑格（1074-1134）。索波切·釋迦瓊乃從小親近當時的許多密宗大師，廣泛學習寧瑪派教法，逐步學到了當時各種流行的密法。比如，索波切·釋迦瓊乃從娘·耶協瓊乃大師完整地學到了《幻變經》密法，托噶·南喀拉大師又向他傳授了《集經》密法。可見，索波切·釋迦瓊乃基本上繼承了「前弘期」傳承下來的遠傳經典派的全部教法。

▲ 位於四川省甘孜藏族自治州的寧瑪派寺院佐欽寺蓮花生佛殿

後來索波切・釋迦瓊乃還特意向大譯師卓彌・釋迦益西（993-1075）敬獻一百兩黃金，獲得道果法的圓滿傳授。通過廣泛求教和自身的刻苦鑽研，索波切・釋迦瓊乃很快成長為一名精通寧瑪派教法並具有淵博宗教知識的大師，特別是他創建了鄔巴隆寺，為寧瑪派開闢了一個統一的宗教活動中心。從此，索波切・釋迦瓊乃就在該寺開展了一系列促進寧瑪派教法儀軌得以進一步完善的具有劃時代意義的宗教活動，使寧瑪派結束以往的分散格局或無組織狀態，開始走向擁有完整教法儀軌和寺院組織的正規宗派行列。

索波切・釋迦瓊乃去世之後，索瓊・喜饒札巴成為唯一的繼承人。他在管理鄔巴隆寺、卓浦寺和札嘉沃修行地三處寧瑪派的活動中心時，建立健全規章制度，使寺院宗教活動開始走向正規化。比如，他規定每天早晨在鄔巴隆寺舉行宗教活動，正午在卓浦寺舉行宗教活動，傍晚在札嘉沃修行地舉行宗教活

▲ 位於四川省甘孜藏族自治州色達縣的寧瑪派佛殿

動。同時，為了擴大宗教活動規模，索瓊‧喜饒札巴親自主持建造了一座九個柱子的豪華佛殿，取名為空行神殿，裡面塑有四十二尊佛像及護法神，並在兩面牆壁分別繪有廣略壇城圖案。除此之外，還建立了幾座小殿。索瓊‧喜饒札巴在佛教顯宗理論特別在因明學上有一定的造詣，並具有很強的辯經能力，成為當時其他新興宗派僧侶在辯經場上的主要競爭對手。經過多次辯經，索瓊‧喜饒札巴所向無敵，在當時的佛教界贏得崇高榮譽，後來許多辯經對手都成為他的弟子。由於當時的寧瑪派僧侶大都為居士，他們注重密法的修練，而不太關心對顯宗理論的學習，在寧瑪派顯宗理論辯經方面沒有更多人才的情況下，索瓊‧喜饒札巴便一枝獨秀，為寧瑪派的發展作出了巨大貢獻。

索‧釋迦桑格，又名祕密怙主‧卓浦巴或拉杰欽波‧卓浦巴，是索瓊‧喜饒札巴的兒子，於一○七四年也是父親去世的那年出生。根據有關藏文資料，索瓊‧喜饒札巴大師有三個兒子和數名女兒，而且都是修習寧瑪派教法的僧尼，後來唯獨最小的兒子索‧釋迦桑格獲得大成就而成為父親的接班人。索‧釋迦桑格主要靠他的母親和舅舅撫養成長，十五歲前在家中一邊學習文化，一邊練就管理家務的本領，因為當時索‧釋迦桑格家已是一戶資財極為豐厚的富裕人家，需要有人管理。從十五歲至十九歲，索‧釋迦桑格在百忙中擠出時

▲ 山南地區敏珠林寺中的密宗立體壇城

間，外出廣拜名師，系統學習佛教理論，特別學習了《集經》、《幻變經》和《心品》等寧瑪派遠傳經典部的全部教法，成為繼承和發揚這一傳承的主要人物。索·釋迦桑格將卓浦寺作為自己常住的主寺，進行了大規模地修復和擴建，並在該寺每年舉行春、夏、秋、冬四季法會，為寧瑪派寺院的正規化發展作出貢獻。

經過三位大師的不斷努力，寧瑪派逐漸成為一個有固定寺院、有系統經典、有僧侶組織的完全獨立的宗派，並樹立起自己的聲譽。這一傳承屬於寧瑪派中的經典傳承，也是寧瑪派中最正統、最權威的教法傳承，在藏族地區一直流傳至今。

在寧瑪派發展史上還有一位重要人物，他原名叫智美奧色，法名為茨臣羅哲，尊稱隆欽饒絳巴，生於一三〇八年，十二歲出家，在當時的諸多大師前修學寧瑪派以及其他宗派的密法，並在桑浦寺學習「慈氏五論」和「法稱七因明」等顯宗經論。因此，隆欽饒絳巴成為當時藏傳佛教界兼通顯、密教法的著

名人物。他的著述頗豐，其中最著名的有「寧提」法類三十五種，即喇嘛漾提等，以及七大藏論，即《勝乘藏》、《實相藏》、《要門藏》、《宗派藏》、《如意藏》、《句義藏》、《法界藏》。這些論著主要闡揚了大圓滿法的教義，為寧瑪派的傳播作出貢獻。他於一三六三年去世，享年五十六歲。

▲ 桑耶寺內的隆欽饒絳巴塑像

隆欽饒絳巴在他短暫一生中，不僅豐富和發展了寧瑪派的教法儀軌，而且為寧瑪派培養了諸多高僧大德。此外，隆欽饒絳巴曾前往不丹傳教，並在那裡建造了一座叫塔爾巴林的寧瑪派寺院，後來寧瑪派又從不丹傳到尼泊爾。因此，近代許多不丹和尼泊爾的寧瑪派僧人常到康區的佐欽寺學習寧瑪派的教法。

十七世紀，寧瑪派在五世達賴喇嘛的支持下，在西藏地區得到進一步的發展。五世達賴喇嘛不僅扶持原有寧瑪派寺院，使多杰札寺、敏珠林寺等擴大其勢力，而且親自創建一座寧瑪派新寺，即尊勝洲寺，在該寺專門傳授寧瑪派教法，還把噶瑪噶舉派的創始人都松欽巴在山南洛扎建立的拉隆寺改宗寧瑪派。自五世達賴喇嘛以來，歷屆西藏地方政府，每遇戰亂、災害、瘟疫等，都要從桑耶寺請寧瑪派僧人進行占卜、作法禳解，提高了寧瑪派的社會影響和宗派地位。

## （二）噶當派

噶當派（bkav gdams pa），藏傳佛教重要宗派之一，又是藏傳佛教後弘期首開宗門的宗派，屬於新派系統。噶當派是一支具有悠久歷史的宗派，對其後形成的藏傳佛教其他宗派產生多方面、深層次的影響。正如松巴‧益西班覺所

▲ 世界上海拔最高的寺院絨布寺

說：噶當派在藏地出現的佛教諸派中如須彌山一般高妙。[18]然而，噶當派形成發展三百多年之後，被後起之秀格魯派兼容而在藏族地區逐漸消失。自十五世紀末開始，噶當派作為一支獨立門戶的實體宗派逐漸淡出，最後完全融入格魯派之中。

　　噶當派的法脈傳承源於阿底峽尊者，但作為一支獨立的宗派，噶當派是由仲敦巴‧嘉維炯奈創立的，並經三大師兄弟的推廣和發展，以及後輩嗣法者的發揚光大。噶當派這一名稱是根據該宗派所奉行的教法儀軌而命名的。噶當一詞是藏語「bkav gdams」的音譯，「bkav」（噶）意指佛語，「gdams」（當）意指教授，故「bkav gdams」（噶當）一詞，則有「佛語教授」之意義，又表明該派繼承和發揚阿底峽的「三士道」教規。

---

18 松巴‧益西班覺著：《如意寶樹史》，蒲文成、才讓譯，甘肅民族出版社，1994 年，第334 頁。

▲ 桑耶寺內的阿底峽塑像

土觀·洛桑卻吉尼瑪曾解釋說：「此派乃是將如來的言教，即三藏教義，一切無遺地攝入在阿底峽尊者三士道次第的教授之中，並嚴格全面地修習，所以名為噶當巴。」[19]可見該宗派之所以命名為噶當派，是因為阿底峽建立的「三士道」教規中包含佛祖所講的經律論三藏在內的一切教義。阿底峽建構的「三士道」理論體系，是噶當派教義的理論基礎，是噶當派僧人修學佛法的主要內容。

噶當派的教法儀軌源於阿底峽尊者，其創始人是仲敦巴·嘉維炯奈（vbrom ston pa rgyal bavi vbyung gnas，1005-1064），簡稱「仲敦巴」，西藏前藏堆隆（stod lung）地方（今西藏拉薩市堆龍德慶縣）人，童年時期前往他鄉求學唸書，正巧遇見從康區前往南尼泊爾的賽尊（se btsun）大師，對他生起敬信，成為其弟子。仲敦巴在服侍賽尊大師的同時，如飢似渴地修學佛法，期間有機會向一位印度人學習梵文。藏曆第一饒迥木雞年（1045），仲敦巴聽到阿底峽在阿里古格地區傳法的消息後，向賽尊上師請示並獲准許，立即赴阿里拜見阿底峽尊者。從此，他沒有離開過阿底峽，始終跟隨並無微不至地服侍尊者，直至一〇五四年阿底峽在聶塘圓寂為止。

仲敦巴在阿底峽身邊一面精心服侍這位德高望重的上師，一面向他學習佛法，深受阿底峽器重，傳授了不少甚深密法，為他後來創立噶當派打下了堅實的佛學基礎。阿底峽圓寂後，仲敦巴作為其諸多弟子中資歷最深的大徒弟，開

---

**19** 土觀·洛桑卻吉尼瑪著：《土觀宗派源流》，劉立千譯，甘肅民族出版社，2000年，第46頁。

始領導眾師弟，傳揚阿底峽教授的教法儀軌。藏曆第一饒迥木羊年（1055），仲敦巴在阿底峽圓寂的地方聶塘（snye thang，今西藏拉薩市曲水縣）主持阿底峽圓寂一週年的紀念活動，並在當地修建了一座佛殿，稱聶塘佛殿（snye thang lha khang），因佛殿內供奉阿底峽崇拜的主尊度母像，後人稱其為聶塘卓瑪拉康（sgrol ma lha khang），即聶塘度母殿，至今香火不斷。

▲ 噶當派創始人仲敦巴

藏曆第一饒迥火猴年（1056），仲敦巴在當雄及熱振等地領主們的大力資助下，在熱振地方（今西藏拉薩市林周縣）創建了第一座傳承阿底峽法脈的寺院，取名為熱振寺。最初寺院規模不大、寺僧人數不多，只有六十多名僧人，但個個戒律嚴謹、德智兼優，成為專門宣揚阿底峽倡導的教法儀軌的僧團。仲敦巴擔任熱振寺首任住持達九年，集中精力講經說法，主要教授《八千頌般若經》、《八千頌般若注疏》（廣、略二經）和《二萬頌般若光明論》等佛教顯宗經論，並建立了一個完善的寺院教育機制。在此基礎上形成了新的宗派，即噶當派。仲敦巴一生沒有受過比丘戒，一直以居士僧身分自居，但是他遵循佛教戒律，嚴格要求自己，在佛教僧團內以身作則，成為一名德才兼備的著名人物，在藏傳佛教界享有崇高聲譽。藏曆第一饒迥木龍年（1064），仲敦巴在熱振寺去世，享年六十歲。

仲敦巴培養了許多著名弟子，其中有三位頗有建樹的大弟子，分別是博多瓦·仁青賽（po to ba rin chen gsal，1031-1105）、京俄瓦·茨誠巴（spyan snga pa tshul khrims vbar，1038-1103）和普瓊瓦·勛努堅贊（phu chung ba gzhon nu rgyal mtshan，1031-1106），並撰有《噶當派師徒問道錄》（阿底峽傳）、《贊尊

▲ 覺仲師徒像（噶當派始祖阿底峽大師向貼身弟子仲
敦巴傳授佛法的故事）

者三十頌》、《在家道德規範要鬘》以及「地相文」、「歷史」、「傳記」、「寺規」和「信札」等多種論著。

仲敦巴去世後，熱振寺的住持由南覺欽波（rnam vbyor chen po，1015-1078）繼任。南覺欽波也是阿底峽尊者的著名弟子之一，他曾在阿底峽座前系統學習佛法，但後來專注於密宗修練，便得名為南覺欽波，意指大瑜伽師。據傳，南覺欽波在理解或闡釋阿底峽的《二諦論》（bden gnyis）方面勝於仲敦巴。南覺欽波擔任熱振寺住持達十四年之久，其間，繼續推動仲敦巴未盡的弘法事業。他擴建熱振寺，使熱振寺在建築形式上初具規模，而且培養了不少佛家弟子。其中著名的弟子有堆壟巴‧仁欽寧波（stod lung pa rin chen snying po）、萊摩欽波（lhab mi chen po）、格西芒拉（dge bshes mang rab）等。一〇七八年，南覺欽波在熱振寺去世後，由貢巴瓦（dgon pa ba，1016-1082）擔任熱振寺住持。

貢巴瓦，也是阿底峽的著名弟子之一，其家族宗名為曾（vdzeng），本名叫旺秋堅贊（dbang phyug rgyal mtshan）。他最初從康區到前藏求法時，有幸遇到阿底峽尊者，拜師學法。貢巴瓦向阿底峽請求傳授密宗修練法，經過刻苦修習，成為阿底峽的一名優秀弟子。尤其貢巴瓦在繼任熱振寺住持期間，在眾多弟子前多次顯示他那高超縝密的密宗氣功。相傳，貢巴瓦一次靜坐達三晝夜，

▲ 噶當派主寺熱振寺

卻沒有絲毫動靜，使周圍徒弟虛驚一場。貢巴瓦是在熱振寺去世的，他的眾多弟子中有四大著名弟子，即奈素巴（snevu zur pa）、嘎瑪巴（ka ma ba）、念那牟貝（gnyan sna mo pas）和古德隆瓦（ko de lung ba）。

貢巴瓦去世後，在一段時間內熱振寺住持空缺。之後，開始由仲敦巴的弟子相繼擔任。其間，噶當派得到進一步發展。這樣，噶當派創始人仲敦巴在世期間將上師阿底峽的「菩提道次第」傳承分成三個子系分別傳授給諸弟子，又由諸弟子分別建立了三大教法傳承，而且其後三百年間未再合而為一，故稱噶當派三大教法傳承。三大教法傳承分別是：教典傳承（gzhung pa），該傳承重視學習佛教經典；教授傳承（gdams ngag），重視上師口傳與實際修行；教誡傳承（man ngag），重視嚴格遵守佛教戒律。

在噶當派的諸多寺院中，除了熱振寺外，尚有兩座對後世影響很大的寺院，即桑浦寺和納塘寺。桑浦寺位於拉薩以南、聶塘以東，它以提倡因明、辯

論而著稱，在藏傳佛教史上占有一定的地位；納塘寺是最早編纂、修訂藏文大藏經《甘珠爾》和《丹珠爾》的寺院，所以這部大藏經叫納塘版，納塘寺也以此著稱於世。一四○九年，宗喀巴大師在噶當派的教法儀軌基礎上建立了格魯派，並逐漸將噶當派的寺院及其僧侶歸入格魯派，故格魯派又有「新噶當派」之稱。從此，噶當派作為一個獨立的宗派在藏族地區消失了。

## （三）薩迦派

薩迦派（sa skya pa），藏傳佛教主要宗派之一。其法脈源於印度大成就者毗瓦巴（birlawpa），藏族譯師卓彌・釋迦益西（vbrog mi shwakya ye shes，993-1074）赴印度求法得到這一法脈傳承，回藏後傳授給昆・貢卻杰布（vkhon dkon mchog rgyal po，1034-1102）；一○七三年，昆・貢卻杰布建寺傳法，創立薩迦派，主要推崇、闡揚和修持道果法（lam vbras）。

▲ 薩迦教派創始人昆・貢卻杰布塑像

根據《薩迦世系史》，昆・貢卻杰布從小跟隨父親釋迦洛哲和兄長喜饒慈臣學習佛法，得到昆氏家族的密法傳承灌頂。然而年長後，則對當時流行的新密法很感興趣。有一次，昆・貢卻杰布去參加在卓地方舉行的大型慶典會，該慶典會不拘一格，熱鬧非凡，表演節目名目繁多，使人眼花繚亂，但其中最引人注目的便是那些持密咒師們表演的劇目，他們頭戴二十八位自在母面具，手持各種法器，簡直就是女性裝扮，甚而以散髮天女之鼓舞

姿態手舞足蹈或翩翩起舞。昆‧貢卻杰布回家後，將看到的情景如實告知兄長，並請教為何出現這種現象等問題。兄長回答道：現在舊密法正處在沒落時代，將來很難在修持舊密法中產生德才兼備的大成就者。[20]

當昆‧貢卻杰布遵照兄長喜饒慈臣的舉薦，前往卓彌‧釋迦益西處學法時，在途中遇到欽譯師（vkhyin lo tsa ba）大德，便決定先在這位大德前學習新密法。欽譯師向他傳授喜金剛灌頂，並講授其密續。密續尚未全部講授完畢之時，欽譯師不幸逝世，昆‧貢卻杰布才不得不直接赴後藏拉堆地方的聶谷隆寺，向卓彌‧釋迦益西繼續學習欽譯師未完成的喜金剛密續。昆‧貢卻杰布成為卓彌五大弟子中最優秀的教法繼承者。卓彌向昆‧貢卻杰布傳授了部分大寶經論，特意傳授了密宗三續的經論。此外，昆‧貢卻杰布還拜其他大師學習新密法，在桂譯師（vgos lo tsa ba）前學習有關密集的教法，在鄔杖那的班智達智密（shes rab gsang ba）前學習關於五明點（thig le lnga）教法，在瑪譯師（rma lo tsa ba）前學習勝樂等教法。昆‧貢卻杰布當時成為通曉新舊密法的著名人物。[21]

昆‧貢卻杰布在佛學上取得成就後，首先在香域絳雄（zhang yul vjag gshong）地方，為已故父親和兄長建造了一座靈塔。塔內供奉具有加持力的檀香木金剛橛。之後，在札沃隆（bra bo lung）地方創建了一座小型寺院，後來被稱為薩迦果波寺（sa skya gog po）。昆‧貢卻杰布在該寺居住數年，有一次，師徒一起外出休閒，突然發現波布日山酷似一頭臥象，其腰間右側有一塊吉祥之白點，前面還有一條向右奔流的小河，整個地方充滿吉祥福澤的景象。昆‧貢卻杰布想到，如在此地建一座寺院會使教法興隆，給眾生帶來好運。他將在此地建造寺院的想法，首先向當地總管東那巴（gdong nag pa）作了請示，得到允許，接著又特意向土地擁有者香雄古熱巴主人、四部僧莊，以及施主七村

---

20 阿旺‧貢噶索南著：《薩迦世系史》（藏文版），民族出版社，1986年，第 18 頁。
21 阿旺‧貢噶索南著：《薩迦世系史》（藏文版），民族出版社，1986年，第 19 頁。

等協商，願出資購買這塊充滿瑞祥之土地。有幸的是，這些與土地有關的主人們不但沒抬高價格，而且將土地贈送給昆・貢卻杰布。昆・貢卻杰布為了今後不出現任何意外，還是向他們贈送一匹白騾、一串珍寶念珠和一套女裝等作為回贈禮品，並劃界明確：摩卓以下柏卓以上所有土地歸昆・貢卻杰布使用。[22]

一〇七三年，昆・貢卻杰布在猶如臥象腰間白點般的這塊灰白色土地上刨土興建了一座寺院，這就是著名的薩迦寺。該寺位於後藏仲曲河谷北岸的波布日山腳下，因上述寺院建築位置正好處在一塊灰白色土地之上，故取名為薩迦寺，「薩迦」一詞為藏語「Sa skya」的音譯，意為灰白色的土地，以體現建築寺院的地方是一方充滿吉祥之土地。因薩迦寺等建築物圍牆上刷紅、白、藍三種顏色，故薩迦派俗稱「花教」。

昆・貢卻杰布以薩迦寺作為昆氏家族的家廟和自己傳教的場所，向以昆氏家族為主的信眾傳授新密法，並逐步建構以道果法為密法傳承的新教法體系，從而建立了藏傳佛教薩迦派。昆・貢卻杰布在薩迦寺任寺主並傳法近三十年，為薩迦派的形成和發展奠定了良好的基礎。就昆・貢卻杰布自身而言，他遵循昆氏家族的世襲制度，沒有正式出家為僧，始終保持居士身分。昆・貢卻杰布娶有兩位妻子，大妻子無子後，又娶小妻子才得一子，後來成為薩迦派的教主。根據史料記載，從昆・貢卻杰布開始，薩迦派就決定其法位以家族相傳的形式繼承，政教權力都集中在昆氏家族手中。梳理薩迦派的歷史傳承可以發現，薩迦五祖為薩迦派的發展作出過巨大貢獻，他們在藏傳佛教史上享有聲譽。除了薩迦派寺院外，還有其他宗派的寺院供有薩迦五祖的塑像和唐卡。

薩欽・貢噶寧布（sa chen kun dgav snying po，1092-1158），薩迦派五祖之首位，幼年跟隨父親昆・貢卻杰布學習佛法，十歲時父親去世，遂廣拜印度、藏族名師，修學包括「道果法」在內的佛教顯密二宗的教法儀軌。此外，貢噶寧布在諸多導師前修學不同的教法，跟從章德達瑪寧布學習《俱舍論》，跟從

---

22　阿旺・貢噶索南著：《薩迦世系史》（藏文版），民族出版社，1986年，第19-20頁。

▲ 薩迦派主寺薩迦寺

瓊仁欽札巴和黨美朗材兩位大德學習《中觀》（dbu ma）與《因明》，在南庫瓦兄弟座前修習《密集》和《大黑天》等密法，在居曲瓦札拉巴座前修習《喜金剛》等密法，在貢唐瓦麥羅座前修習《勝樂》和《明王》等密法，在布尚洛瓊座前修學《勝樂》等密法，在香頓處居留四年，專心修學「道果法」。據說，天竺大成就者毗瓦巴為開啟並傳揚密宗法門，親自光臨薩迦地區，向貢噶寧布特意傳授了七十二部密續之教法和不能踰越薩迦寺圍牆之十四部甚深教法。貢噶寧布二十歲時，接任薩迦寺住持，以薩迦派教主身分，大力宣揚顯密教法，重視對「道果法」的教授，直至去世。他主導薩迦派的教法儀軌長達四十七年之久，在建立和完善宗派的教法體系、推動宗派的發展和壯大宗派的權勢等方面均作出前所未有的巨大貢獻，故被後人尊稱為「薩欽」，意為薩迦派第一大師。他在佛學領域取得高深的造詣，尤其在薩迦派獨自傳承的「道果法」方面頗有成就，被公認為薩迦派一代神通廣大的密宗大師，他能一身顯現

六種不同神相，也被公認為觀世音菩薩之化身。他培養了許多傑出的弟子，獲得殊勝成就者三名、獲得能忍成就者七名、通達經論講說之心傳弟子十一名、精於講解文句之心傳弟子七名，等等。貢噶寧布育有四個兒子，依次為貢噶跋、索南孜摩、札巴堅贊和柏欽沃波。其中，貢噶跋赴印度求法，二十二歲時卒於摩揭陀地方；索南孜摩繼任父親的法位，成為薩迦派第二祖；札巴堅贊繼任兄長的法位，成為薩迦派的第三祖；柏欽沃波（1150-1203）沒有出家為僧，而是娶妻成家，繁衍昆氏家族後嗣。

索南孜摩（bsod nams rtse mo，1142-1182），薩迦派五祖中第二祖，幼年時跟隨父親貢噶寧布學習薩迦派教法，年長後赴桑浦寺拜噶當派高僧恰巴·卻吉僧格為師，學習慈氏五論及因明學等顯宗教法。貢噶寧布去世後，繼任父親法位，但不久後卻將法位讓給弟弟札巴堅贊，他自己集中精力，專心修習佛法，主要在前藏的桑浦寺研習佛學奧義。他博通顯密教法，尤以注重密宗修練和嚴守佛教戒律而譽滿當時宗教界。同時，索南孜摩嫻熟聲明、工巧明、醫方明、因明和內明，即五明學科，為推動佛教文化在青藏高原的進一步發展起到積極作用。

札巴堅贊（grags pa rgyal mtshan，1147-1216），薩迦派五祖之第三祖，幼年時跟隨父親貢噶寧布學法至十二歲。八歲時在絳森·達瓦堅贊處受梵行優婆塞戒，至十歲時能夠聞記《律儀十二頌》、《修法·蓮花》等，被稱為神童，自十一歲時向眾人宣講《喜金剛》等密法，震驚遠近佛教學僧。札巴堅贊十三歲時繼任薩迦寺住持，自幼年就肩負起薩迦派的教務重擔，先後主持增建佛殿，擴大寺院規模，用金汁書寫大藏經《甘珠爾》部。札巴堅贊不食酒肉，嚴守佛教戒律，將廣大信徒佈施的財物全部用於建造佛像、佛殿和佛塔以及救濟貧困農牧民。他住持薩迦寺長達五十七年之久，對薩迦派的發展壯大傾注心血，多有貢獻。當他去世時，其財產只有一個坐墊、一套袈裟，別無它物，表現了一個嚴守清規戒律的出家僧人所要具備的高尚品德。

薩迦班智達·貢噶堅贊（sa skya pan ti ta kun dgav rgyal mtshan，1181-

1251），薩迦派第四代祖師，為薩迦派第一祖貢噶寧布（kun dgav snying po）最小的兒子柏欽沃波的長子，原名班丹頓珠（dpal ldan don grub），從小在札巴堅贊（grags pa rgyal mtshan）伯父座前受近事戒（沙彌戒），改名貢噶堅贊，廣泛學習文化和佛教知識，打下良好的佛學基礎。二十五歲時，師從進藏傳教的迦濕彌羅籍高僧釋迦室利（shawkya shi）座前受具足戒（比丘戒），學習《釋量論》（tshad ma rnam vgrel）等因明七論以及《現觀莊嚴論》（mngon par rtogs pavi rgyan）等經論，同時專門學習工藝學、星象學、聲律學、醫學、修辭

▲ 桑耶寺內的薩迦班智達·貢噶堅贊塑像

學、詩歌、歌舞等文化科目，成為一名博通印藏十明學科的大學者，尊稱薩迦「班智達」（pan di ta），其名聲遍及周邊地區。印度南方的綽切噶瓦（vphrog byed dgav bo）等六名學者，專門來西藏同薩迦班智達·貢噶堅贊進行辯論，他們在西藏芒域吉仲（mang yul skyid grong）的聖瓦第桑布寺附近的一個集市辯經十三天，最後六名印度學者敗北，以削髮出家為僧的方式承認自己失敗，拜薩迦班智達·貢噶堅贊為師，皈依佛教。從此薩迦班智達·貢噶堅讚的聲望響徹整個藏區，成為家喻戶曉的藏族文化名人。

　　一二一六年，薩迦班智達·貢噶堅贊繼任薩迦寺住持，講經說法，發揚光大薩迦派的教法儀軌；一二四六年，薩迦班智達·貢噶堅贊應元朝宗王闊端之邀請到達涼州，同闊端議定西藏各地方勢力歸順蒙古政權的條件。他致書西藏僧俗領袖，陳述利害，勸說歸順，成為西藏宗教領袖與蒙古王室建立政治連繫

的第一人，對西藏歸附蒙古政權、促進元朝統一大業作出貢獻。此外，薩迦班智達‧貢噶堅贊在涼州給闊端治病，講經傳法，擴大了藏傳佛教在蒙古人中的影響；同時，在涼州新建幻化寺（sprul pavi sde），調整了薩滿教與佛教的關係。一二五一年，薩迦班智達‧貢噶堅贊在涼州去世，享年七十二歲。

薩迦班智達‧貢噶堅讚著述頗豐，主要有《三律儀論》、《量理寶藏論》、《智者入門論》、《樂器論典》、《修辭學》、《聲明學》、《薩迦格言》、《教理善說論》、《中觀發心儀軌》、《甚深道上師瑜伽法》、《致雪域諸瑜伽行者教誡》等名著。其中，《三律儀論》（sdom gsum rab tu dbye ba）是一部重要著作，書中判定當時佛教界存在的各種佛學觀點的是非，闡述自己對佛教的理解和見解；《量理寶藏論》是以陳那的《集量論》和法稱的《釋量論》為依據，並運用自己的認識論和邏輯思維撰寫的一部全新的因明學著作，在藏傳佛教因明學領域具有舉足輕重的地位；《薩迦格言》是一部膾炙人口的格言集，其內容主要反映社會倫理和為人出世的道理，在藏族地區流傳範圍廣大，深受藏族人民的喜愛。

▲ 八思巴像

八思巴（vgro mgon vphags pa，1235-1280），薩迦派五祖中最後一位，為薩迦派第四祖薩迦班智達‧貢噶堅贊弟弟索南堅贊的兒子，本名洛哲堅贊，八思巴是尊稱，意為「聖人」。少年時聰慧好學，八歲時即能憑記憶講述佛本生經，九歲時講解喜金剛續第二品，因他在僧眾集會上常講經說法，令周邊高僧大德對其大為欣賞；十歲時作為薩迦班智達‧貢噶堅贊的隨從前往涼州與蒙古汗王闊端談判。八思巴天性聰慧，得到伯父薩

迦班智達・貢噶堅贊的良好教育。十七歲時，被臨終時的薩迦班智達・貢噶堅贊任命為自己的法位繼承人，成為薩迦派最年輕的教主。八思巴從小跟隨薩迦班智達・貢噶堅贊接觸蒙古王公貴族，熟悉蒙古宮廷的生活，還與漢地、西夏、畏兀兒等地的宗教人士會面交談，打下廣博的社會知識基礎，並成長為一名精通各種宗教知識的藏傳佛教高僧。

一二五三年，八思巴應召在六盤山謁見薛禪汗忽必烈，大汗夫婦及其子女以世俗人拜見上師的禮節會面八思巴，先後共二十五人受密宗灌頂。忽必烈向八思巴奉獻財寶作為對上師的供養。一二五四年，八思巴再次會見忽必烈，忽必烈以親王身分向八思巴頒賜詔書，主要闡述了蒙古親王與八思巴所代表的後藏地區的寺院僧人的關係，也表達了蒙古親王對藏族僧人的規勸引導。一二五五年，八思巴從藏區邀請嚴守比丘戒律傳承的高僧大德，在漢蒙交界處河州地方為自己授比丘戒。

一二五八年，在元朝上都的宮殿隆重舉行佛道辯論會，兩派各十七人參加，佛教一方由時年二十三歲的八思巴為首組成，結果道教一方承認自己辯論失敗，十七名道士削髮為僧，一些道觀隨之改宗佛教。一二六〇年，忽必烈繼任蒙古大汗位，立即封八思巴為國師，授以玉印，令其統領全國佛教。至元元年（1264），元世祖忽必烈遷都北京，在中央政府機構中設立「總制院」，後改為「宣政院」，並領之於國師；將藏族地區劃歸總制院管轄，使國師兼有政教雙重權力。至元二年（1265），八思巴返回西藏，對薩迦寺進行修繕，新造佛像、靈塔，用金汁書寫大量大藏經中的甘珠爾部。同時，他拜克什米爾班智達希達塔噶大巴札、羅沃譯師喜饒仁欽、納塘堪欽青南喀札等二十多位大德為師，研習因明學和密宗修持等佛教顯密宗教理儀軌，以及學習五明學等文化知識。特別是八思巴在藏期間，奉忽必烈之命，仿照藏文字母創製了由四十一個字母構成的「蒙古新字」，其語音拼讀均按蒙語，後稱八思巴蒙古文。忽必烈於一二六九年下詔，在全國範圍內推行蒙古新文字。

八思巴創製新文字，深得元朝皇帝器重。至元七年（1270），八思巴第二

次向忽必烈授予密宗灌頂，親傳喜金剛密法。據史書記載，忽必烈向八思巴奉獻六棱玉印和專門詔書作為供養，封八思巴為「普天之下，大地之上，西天佛子，化身佛陀，創製文字，護持國政，精通五明班智達八思巴帝師」，並賜給白銀一千大銀、綢緞五萬九千匹段等大量物品。這一時期，新任元朝帝師的八思巴在西藏建立了薩迦地方政權，由薩迦派高僧法王和昆氏家族俗官本欽共同執掌西藏地區事務。

一二七六年，八思巴抵達薩迦寺。此次返藏，由太子真金護送。八思巴在途中專為真金講述佛法，撰寫了《彰所知論》，共分五品：器世間、情世間、道法、果法、無為法。此書有漢譯本，收錄在漢文大藏經之中。從整個內容上看，它涉及佛教的基本知識，包括宇宙論、人生論、認識論和解脫論。八思巴在藏期間，西藏各地的高僧大德以及修習佛法的各派學僧、各地的官員貴族都前來拜會，從印度和克什米爾也有一些班智達聞訊前來，大家向八思巴奉獻供品，禮敬尊崇，請求說法。一二七七年，在後藏的曲彌仁摩地方，今納塘寺附近，舉行了七萬僧眾參加的盛大法會，史稱「曲彌大法會」。這是繼古格王孜德於一○七六年在阿里地區舉辦的「丙辰大法會」之後的又一次規模空前的藏傳佛教大法會。時間持續半個月之久，八思巴向僧俗信眾宣講深廣的教法，發放難以計量的物品。此次法會的成功舉辦，提升了八思巴的宗教威望，宣揚了元朝皇帝忽必烈的權勢。一二八○年，八思巴在薩迦寺拉康拉章去世。忽必烈又賜封號為「皇天之下一人之上開教宣文輔治大聖至德普覺真智佑國如意大寶法王西天佛子大元帝師」。一三二○年，元仁宗下詔，在全國各地建造八思巴帝師殿，以此永遠紀念這位元朝功臣。

根據藏文史料，薩迦五祖中的前三祖稱為白衣三祖，因為他們都沒有正式出家受比丘戒，而是身著俗衣以居士身分自居，故稱白衣三祖。後二祖正式出家為僧，受過比丘戒，身著紅色袈裟，故稱紅衣二祖。薩迦五祖之後，又有許多高僧大德為薩迦派的不斷發展發揮過巨大作用。其中薩迦四大拉章，始終是薩迦派蓬勃發展的四大支柱。薩迦四大拉章分別為細脫拉章、拉康拉章、仁欽

崗拉章和迪卻拉章。薩迦四大拉章起源於元朝帝師貢噶羅追堅贊時期,貢噶羅追堅贊將他的同父異母的眾多兄弟,分成四個拉章,由他們分別擔任各個拉章的住持。

薩迦四大拉章中的細脫拉章(gzhi thog bla brang)是在南喀勒貝洛智堅贊(nam mkhav legs pavi blo gros rgyal mtshan,1304-1343)任薩迦寺住持時開始建立的,其子貢噶仁欽堅贊貝桑布(kun dgav rin chen rgyal mtshan dpal bzang po,1331-1399)繼任細脫拉章住持時,又將該拉章從薩迦遷址到曲彌地方,並尤其子嗣相繼擔任拉章住持。

貢噶仁欽堅贊貝桑布之後,尤其子洛智(追)堅贊(blo gros rgyal mtshan,1366-1420)主持細脫拉章。之後,由洛智堅贊之子貢噶旺秋(kun dgav dbang phyug,1418-1462)繼任細脫拉章住持。貢噶旺秋去世後,細脫拉章趨向衰落。

薩迦四大拉章中的拉康拉章(lha khang bla brang)開始於貢噶堅贊貝桑布

▲ 朝拜

▲ 四川省德格印經院工人在印製佛經。

（kun dgav rgyal mtshan dpal bzang po，1310-1358），他是拉康拉章的第一任住持；其子卻吉堅贊貝桑布（chos kyi rgyal mtshan dpal bzang po，1332-1359）為拉康拉章第二任住持。之後，卻吉堅贊貝桑布之子貢噶扎西堅贊貝桑布（kun dgav bkra shes rgyal mtshan dpal bzang po，1349-1425）掌管拉康拉章。貢噶扎西堅贊貝桑布之後，由索南扎西堅贊貝桑布之子扎西堅贊大師掌管拉康拉章，至十六世紀左右，拉康拉章趨向衰落。

薩迦四大拉章中的仁欽崗拉章（rin chen sgang bla brang）開始於絳洋頓悅堅贊（vjam dbyangs don yod rgyal mtshan，1310-1344）。絳洋頓悅堅贊之後，尤其子喇欽·貢噶堅贊（bla chen kun dgav rgyal mtshan，?-1420）掌管仁欽崗拉章。此後，仁欽崗拉章的喇欽·貢噶堅贊娶了涅莫古尚的女兒瑪久南喀杰莫為妻，她生了南喀堅贊大師兄弟二人，他們住在夏布、格頂等地。她還生了一個女兒。喇欽·貢噶堅贊之後，尤其子南喀堅贊（nam mkhav rgyal mtshan，1398-1472）掌管仁欽崗拉章。之後，由南喀堅贊之子喜饒堅贊（shes rab rgyal mtshan，1444-1495）掌管仁欽崗拉章。大約在十六世紀初期，仁欽崗拉章的法位傳承中斷。

迪卻拉章（dus mchod bla brang）是薩迦四大拉章中的嫡系拉章，也是唯一沒有中斷傳承的拉章。迪卻拉章始於貢噶勒貝迥奈堅贊貝桑布（kun dgav legs pavi vbyung gnas rgyal mtshan dpal bzang po，1308-1336），迪卻拉章的住持以父子世襲的方式傳承。貢噶勒貝迥奈堅贊貝桑布的長子索南洛智堅贊貝桑布（bsod nams blo gros rgyal mtshan dpal bzang po，1332-1362），在元朝順帝時被立

為帝師；幼子為札巴堅贊貝桑布（grags pa rgyal mtshan dpal bzang po，1336-1376），在元朝順帝時被封為白蘭王，賜以金印，並頒授統領藏區三個卻喀的詔書。札巴堅贊貝桑布的兒子南色堅贊貝桑布（rnam sras rgyal mtshan dpal bzang po，1360-1408）即攝帝師南迦巴藏卜，其長子為貢噶勒貝洛智（追）堅贊（kun dgav legs pavi blo gros rgyal mtshan），次子為南喀勒貝洛智（追）堅贊貝桑布（nam mkhav legs pavi blo gros rgyal mtshan dpal bzang po，1399-1444）。大約在十九世紀，迪卻拉章又分為二房，即彭措頗章（phun sthogs pho brang）和卓瑪頗章（sgrol ma pho brang），由二房長子輪流擔任薩迦寺住持法位。

總之，薩迦四大拉章各有自己的座主，一般以父子相承，因而各個拉章各自繁衍，子孫相繼。薩迦四大拉章的權勢和地位相對平等，故相互之間形成競爭，拉幫結派、擴大勢力和聚斂財富，致使內部不和，政局動盪，從而拉開了薩迦四大拉章的興衰歷史。

薩迦派歷來學僧大德輩出，宗派內部形成諸多學派，既有顯宗與密宗二大學派，又有多個密法傳承。顯宗方面，由雅楚・桑杰拜（gayg phrug sangs rje dpal，1350-1414）開創專門修學顯宗義理之教規，其弟子榮敦・瑪威僧格（rong ston smra bavi seng ge，1367-1449）成為其發揚光大者。一四三五年，榮敦・瑪威僧格在前藏彭波（vphan po）地方創建那爛陀寺（na len dra，位於今拉薩市林周縣），建立系統研習顯宗教理之教學機制，向僧眾傳授《釋量論》、《現觀莊嚴論》、《中觀》、《俱舍論》、《三律儀論》等經論。那爛陀寺常住僧眾維持在七百到一千人之間，其中學有所成的高僧陸續在各地建寺傳法，因而那爛陀寺擁有許多一脈相承的子寺，在藏傳佛教界具有一定的影響力。

密宗方面，形成鄂爾（ngor lugs）、宗巴（rdzong lugs）和察爾（tshar lugs）三大法脈傳承。其中，鄂爾系（ngor lugs）傳承，由鄂・貢嘎桑布（ngor kun dgav bzang po，1382-1456）建立。一四二九年，鄂・貢嘎桑布在後藏日喀則的鄂爾（ngor）地方創建愛旺寺（Ae lwang chos ldan，位於今西藏日喀則地區康馬縣），專門傳授薩迦派密法，從而建立鄂爾系密法傳承。後世鄂爾系密法成

為傳播範圍最廣的薩迦派密法傳承。在清代，以日喀則愛旺寺、德格貢欽寺（dgon chen）為代表。

宗巴系（rdzong lugs），又有前宗巴系和後宗巴系之分。其法脈源於丹巴・索南堅贊（bstan pa bsod nams rgyal mtshan，1312-1375）高僧，後由宗巴・貢噶堅贊（rdzong pa kun dgav rgyal

▲ 位於四川省甘孜藏族自治州的薩迦派寺院貢欽寺

mtshan，1382-1446 年）高僧繼承並極力推廣，遂形成前宗巴系（rdzong ba snga rabs，或稱沫舍系，mus srad pa）；此外，土敦・貢嘎南杰（thu ston kun dgav rnam rgyal，1432-1496）於一四六四年在前藏創建貢嘎多杰丹寺（gong dkar rdo rje gdan，意為金剛座寺，位於今西藏山南地區貢嘎縣），以此作為傳教中心講授宗巴系傳承密法，並有所創新和發展，史稱「後宗巴系」（rdzong ba phyi rabs），又稱「貢嘎系」（gong dkav ba）密法傳承。

察爾系（tshar lugs），為薩迦派嫡系密法傳承，並有耳傳密法之稱。由察欽法王・洛色嘉措（blo gsal rgya mtsho，1501-1561）建立，雖在教內外享有權威性，但其傳播範圍不及鄂爾系廣泛。清代以西藏日喀則的薩迦寺及其周邊下屬子寺為代表。

薩迦派在歷史上對於學習梵文十分重視，並開展同印度學者之間的學術交流，薩迦班智達・貢噶堅贊曾用梵語與印度六名學者進行激烈的大辯論，最終獲勝，享譽全藏區，從此掀起學習梵文的熱潮。近代以來，薩迦派傳入尼泊爾、印度等地區，建立了不少薩迦派寺院。

## （四）噶舉派

噶舉派（bkav brgyud pa），藏傳佛教重要宗派之一。「噶舉」一詞是藏語「bkav brgyud」二字的音譯，其中「bkav」（噶）字的本意是指佛語，而「brgyud」（舉）字則意為傳承，故「噶舉」一詞可解釋為口傳相承之佛法。噶舉派注重對密法的實際修練，而對密法的修習又必須通過口耳相傳的方式進行，故該宗派得以命名為「噶舉」。此外，由於噶舉派僧人的僧裙中曾加有白色條紋，故俗稱「白教」。

噶舉派形成於藏傳佛教「後弘期」，由瑪爾巴譯師開創，經米拉日巴瑜伽師的繼承，到達布拉杰大師時才正式建立並形成名副其實的一支宗派。噶舉派的教法傳承有兩大系統：一是從瑪爾巴並經米拉日巴傳承下來的達布噶舉派系；二是由瓊波南覺開創的香巴噶舉派系。後來香巴噶舉派漸漸衰微，而達布噶舉派則興旺發達，其中又分出四大支八小支等眾多支系派別。

香巴噶舉派的創立者為瓊波南覺，他生於一○八五年，從十歲開始學習藏文和梵文；十三歲時在一位苯教大師前學習，後又改修寧瑪派的大圓滿法。當有了一定的語言基礎和宗教知識後，瓊波南覺就攜帶不少黃金去尼泊爾進修梵文，同時學習密法。後又數次赴印度依從彌勒巴等著名大師，並求得當時在印度流行的許多密宗法門。最後學成返回西藏後，瓊波南覺在噶當派高僧朗日唐巴（1054-1123）前正式出家受比丘戒。之後，瓊波南覺先在西藏前藏的潘域地方（拉薩以北）建立寺廟，後又到後藏的香地方去傳授自己掌握的教法，並在三年內建立了許多寺院。因此，香地方成為瓊波南覺傳法的基地，而且他所傳授的教法在這一地區形成一定的宗派勢力，故稱為香巴噶舉派。瓊波南覺曾七次赴印度求法，他所傳授的教法不是在瑪爾巴師徒那裡學到的，而是從印度直接求得的。該派具有相對的獨立性，但在教法內容及其實踐儀軌方面則與瑪爾巴等大師傳承下來的正統噶舉派極為相近。

十五世紀以建築鐵索橋而聞名的唐東杰布大師（1385-1464），被藏學界認定為香巴噶舉派高僧。相傳，唐東杰布在西藏以組織並演唱藏戲作為集資的重

▲ 阿里地區瑪旁雍錯湖畔色熱龍寺內供奉的噶舉派祖師像

要手段，在西藏共建造一百多座鐵索橋。因此，唐東杰布受到藏族人民的無比敬仰，許多寺院都供有唐東杰布的塑像和唐卡像。據記載，格魯派的創始人宗喀巴大師及其大門徒（即後來被認定為第一世班禪的克珠杰）等著名高僧都曾向香巴噶舉派僧人求教學法。由此可見，香巴噶舉派曾在藏傳佛教史上發揮過作用。約在十五世紀至十六世紀，香巴噶舉派在藏族地區逐漸地銷聲匿跡，從而結束了這一支派的短暫歷史。

香巴噶舉派衰微之後，達布拉杰創立的達布噶舉派，成為傳承噶舉派教法儀軌的主流宗派。達布噶舉派的創始人達布拉杰（dags po lha rje，1079-1153）出生於西藏前藏南部涅地方，五歲時隨父親識字讀書，七歲開始學醫，在印度名醫吉麥座前學習以臟腑病症治療為主的醫法，在藏巴拉杰烏斯處聽講《醫學八支論》等醫典注釋，從尼泊爾醫生普吉處學習診脈等臨床知識，從漢地宋遼名醫多人學醫數年，最終成為一名藏族名醫。後自家不幸遭遇傳染疾病襲擊，家破人亡。由此看破紅塵，於二十六歲時放棄醫生職業，出家受戒，成為一名

僧人，初在來自瑪域的堪布羅丹等高僧座前修學勝樂金剛密法以及毗奈耶（律藏）等佛法，後赴彭域地方師從嘉宇瓦等大師，系統研習阿底峽的法脈傳承，即噶當派教法，在佛教顯宗理論上取得很高造詣。達布拉杰深感坐禪修練的重要性，他依靠父母的資助在薩爾卡寺附近建造了一座簡易小禪房，開始閉關修行。據說他在閉關修行時入定可達十三天之久，以此根除貪慾憎怨等煩惱業障。他在修練時所需睡眠很少，即使在睡眠做夢時，也能領受到《金光明經》中所載十地菩薩的瑞光。他甚至在坐禪時連續五天不進任何食物，一直靠這種硬性的修練方式感悟密法要義。

▲ 桑耶寺內的唐東杰布塑像

達布拉杰三十一歲時耳聞米拉日巴的德譽，便對其產生敬仰之心，遂前往拜會。他獻上黃金，作為傳法的報酬，而米拉日巴斷然拒絕受禮，並以吟唱道歌的形式來款待遠道而來的達布拉杰，遂將自己掌握的全部教法祕訣傳授給他。初授以金剛亥母灌頂，得到證驗後，傳授拙火定法。由於達布拉杰具有深厚的密宗修練功底，僅用十三個月的時間，就把米拉

▲ 噶舉派知名修行者——米拉日巴塑像

日巴傳授的所有深奧密法完全地領會、接受和證悟。之後，遵照米拉日巴的教誨和安排，遍訪西藏各地的深山峽谷，尋得靜修處專門修練，不與常人來往。達布拉杰功成名就後，開始傳教布道，於一一二一年在達拉岡波地方，今西藏達波地區的雅魯藏布江北岸創建了一座寺院，取名岡波寺，以此為據點招收眾多弟子，傳授自己掌握和感悟的教法，遂創立了達布噶舉派。達布拉杰除了創建寺院、建立宗派、培養弟子、弘揚佛法和利樂眾生之外，還整合噶當派的道次第法和米拉日巴的大手印法而構建了新的自成體系的教法，以《大乘道次第·解脫莊嚴論》為代表。因而達布拉杰在藏傳佛教史上享有很高的知名度，他在岡波寺傳法長達三十年之久，門下培養了眾多著名高僧大德。其中四大著名弟子在前後藏等地建寺傳法，形成相對獨立的達布噶舉派四大支系，即噶瑪噶舉派、蔡巴噶舉派、拔絨噶舉派和帕主噶舉派。

1、噶瑪噶舉派

噶瑪噶舉派（karma bkav brgyud），噶舉派四大支系之一，創始人是達布拉杰的著名弟子都松欽巴（dus gsum mkhyen pa，1110-1193），他出生於多康哲雪崗吉熱哇地方，族姓喇東噶波氏，父親以密宗瑜伽士身分自居，名貢巴·多杰貢布。都松欽巴自十一歲就跟隨父親學習佛教禱告詞和簡單密法修持；十六歲在卻果噶寺的堪布喬拉·恰森格札座前受沙彌戒，取

▲ 噶瑪噶舉派創始人都松欽巴像

法名卻杰札巴；十九歲赴前藏地區求法，先在堆壟‧嘉瑪瓦和恰巴‧卻吉僧格等高僧處系統學習《慈氏五論》、《中觀》、《因明》等佛學基礎理論；後在夏熱巴等高僧處，專門修學《道次第法》等噶當派教法，同時在堪布麥都僧座前受比丘戒，溫習戒律經論；三十歲時前往達布地區，拜見敬仰已久的達布拉杰高僧，在其座前修學佛法，並在三年之內通曉了達布噶舉派的密法要義，特別在閉關實修中獲得了最佳密宗境界。之後，返回故鄉，一一五七年在昌都類烏齊附近的噶瑪地方創建噶瑪拉頂寺，又稱噶瑪丹薩寺。他以該寺作為傳教中心，大張旗鼓地宣講達布噶舉派的教法義理和自己的佛學觀見，並創建有別於達布噶舉派的教法儀軌，形成了一支新的宗派，以寺名稱呼之，即「噶瑪噶舉派」。

都松欽巴在當地社會有很高的威望，曾多次調解民間重大糾紛。同時，在故鄉多康地區擁有上千名徒弟，具有一定的宗教組織基礎。特別是他集大量財物捐獻給遠在西藏中部的岡波寺等不少寺院，在前後藏地區產生較大影響。他在晚年又回到前藏地區，一一八九年在拉薩附近的堆龍德慶地方創建楚布寺。在噶瑪噶舉派史上有下部噶瑪拉頂寺和上部楚布寺兩座祖寺，後來楚布寺得到擴建和發展，成為噶瑪噶舉派的主寺。

都松欽巴圓滿完成建立新興宗派的使命。他在臨終時表示要在人世間再次轉世，讓嗣法弟子到時尋訪認定他的轉世靈童，從而在藏傳佛教乃至整個佛教史上開了「活佛轉世」之先河。噶瑪噶舉派「黑帽

▲ 噶瑪噶舉派黑帽系活佛噶瑪拔希

▲ 噶瑪噶舉派主寺楚布寺

系」活佛世系始於都松欽巴大師；後人追認都松欽巴為第一世噶瑪巴。從此黑帽系活佛具有雙重身分，既是噶瑪噶舉派的教主，又是噶瑪噶舉派活佛系統中的嫡系傳承。

「雖然傳說都松欽巴曾戴黑帽，後遂稱為黑帽派，但實際上是在噶瑪拔希時才受元帝賜予官職的黑帽，從此以後，歷代轉世大德始有黑帽系之稱呼。」[23] 實際上，戴黑僧帽的教規是在第二世噶瑪巴活佛時方開始形成。一二五三年，忽必烈在南征雲南大理途中，看到噶瑪噶舉派在藏族地區日益興隆的形勢，遂召請第二世噶瑪巴·噶瑪拔希（karma pakshi，1204-1283）赴絨域色都（今四川嘉絨藏族地區）相見。噶瑪拔希於一二五四年會見了忽必烈，並為他及其左

---

23 土觀·洛桑卻吉尼瑪著：《土觀宗派源流》，劉立千譯，甘肅民族出版社，2000年，第64頁。

右侍從傳授發心（發菩提心）儀軌，使他們皈依藏傳佛教。忽必烈要求噶瑪拔希長期隨侍他，但被噶瑪拔希婉言謝絕。借此機會，噶瑪拔希遊方蒙古等北方各地傳教說法，當他返回西藏時，接到蒙古大汗蒙哥的詔書，遂又去蒙古和林會見蒙哥。蒙哥向噶瑪拔希賜予金印、白銀，同時特地贈送一頂金邊黑帽，從此這頂黑帽成為這一活佛世系的標誌，世代相傳。教內認為這頂黑帽戴在每一代噶瑪巴活佛頭上，象徵著他們對真如實性之證悟。噶瑪噶舉派黑帽系活佛現已轉世至第十七世。

噶瑪噶舉派繼黑帽系活佛後，又建立紅帽系活佛世系。該派高僧多丹札巴僧格（rtogs ldan grags pa seng ge，1283-1349）於藏曆第六饒迴水雞年，即元惠宗元統元年（1333）新建一寺，名奈囊寺（gnas nang dgon），收徒傳法，聲望日增，並獲得元朝王室冊封之「灌頂國師」稱號和贈送的一頂紅色僧帽；他圓寂後，嗣法弟子尋訪認定轉世靈童，遂形成噶瑪巴紅帽系活佛世系，追認多丹札巴僧格為第一世紅帽系活佛。然而，紅帽系活佛轉世至第十世活佛・曲朱嘉措（chos grub rgya mtsho，1733-1791）時，因涉嫌招引廓爾喀人入侵後藏，被清朝勒令禁止轉世，從此紅帽系活佛世系斷絕。

## 2、蔡巴噶舉派

蔡巴噶舉派（tshal pa bkav brgyud），噶舉派四大支系之一，創始人是達布拉杰再傳大弟子香蔡巴・尊珠札（zhang tshal pa brtson vgrus grags，1123-1194），出生於西藏拉薩吉雪（skyi shod，今蔡巴主村），原名達瑪（dar ma），父親是一位專修密宗的居士，從小受到父親的耳濡目染，對宗教有一定的感悟；從九歲開始修學顯密經論，後又遊歷多康等地；二十六歲受比丘戒，取法名為尊珠札。一一五三年，他得到一次會面達布拉杰侄子兼弟子岡波巴・慈臣寧布（sgam po ba tshul khrims snying po）的機會，借此拜其為師，專心修學大手印等達布噶舉派密法；一一七五年，得到吐蕃貴族後裔噶爾（噶爾・嘉威炯奈）家族的支持，在拉薩附近的蔡公堂地方創建蔡巴寺（tshal pa dgon），

在此招生傳教，遂形成蔡巴噶舉派；一一八七年，又在蔡巴寺附近建造蔡公堂寺（tshal gung thang dgon），與蔡巴寺共同成為蔡巴噶舉派的主寺。一二六八年，時任蔡巴寺住持的桑杰歐珠（sangs rgyas dngos grub）被元朝封為蔡巴萬戶長，蔡巴噶舉派遂成為前藏一帶政教合一的重要宗派之一。後來格魯派興起，蔡巴寺和蔡公堂寺改宗格魯派，蔡巴噶舉派遂融入格魯派。

### 3、拔絨噶舉派

拔絨噶舉派（vbav rom bkav brgyud），噶舉派四大支系之一。由達布拉杰的大弟子達瑪旺久（dar ma dbang phyug，約十二世紀中葉人）創立。他在後藏（日喀則）昂仁地區建造一座寺院，命名拔絨寺（vbav rom dgon）。達瑪旺久就以該寺為傳教中心，廣收門徒，主要傳授密宗大手印法和顯宗大手印法，遂自成一系，取名為拔絨噶舉派。達瑪旺久去世後，拔絨寺住持尤其家族成員世系相承，結果拔絨噶舉派隨著該家族內部的不斷紛爭瓦解而漸歸衰絕。在多康地區（今青海玉樹州），尚有幾座寺院傳承拔絨噶舉派的教法儀軌。

### 4、帕主噶舉派

帕主噶舉派（phag gru bkav brgyud），噶舉派四大支系之一，其創始人是達布拉杰的四大著名弟子之一的帕莫主巴（phag mo grub pa，1110-1170），出生於藏區多康南部的智壟美雪地方，九歲出家，取法名多傑嘉布，少年時代在家鄉拜師學經；十九歲時有機會侍從一位富商進藏遊學，不拘一格，廣泛修學寧瑪派、噶當派、薩迦派等不同宗派的教法。二十五歲受比丘戒，四十二歲拜達布拉杰為師，在岡波寺居留三年，專門修學達布噶舉派教法，心生證悟，成為達布拉杰的著名弟子。之後，返回故鄉康區，廣收門徒，傳授以達布拉杰所傳密法為主的教法，講法獨具風格，名聲大振。不久，他放棄家鄉傳教，又返回前藏帕莫主地方潛心修行。一一五八年，他在帕莫主地方創建一座小寺，後稱丹薩提寺，聞聲前來求法者與日俱增，遂形成一支獨立自主的派系，以地名命之，稱「帕主噶舉派」，他本人也被冠以「帕莫主巴」尊號。帕莫主巴在丹

薩提寺傳教達十三年之久，以自奉儉樸、戒行謹嚴、學識淵博等傑出的學識德行而名揚四方，身邊求法學僧達八百人之多。後世的帕主噶舉派與朗氏家族相結合，政教雙方都得以興隆發達，至元末建立了政教合一的帕主第悉政權，成為薩迦派之後又一個掌控西藏地方政權的宗派。

帕主噶舉派又是噶舉派四大支系中社會影響深遠的一支宗派，在其內部衍生了相對獨立的八個分支宗派，遍布整個藏族地區。

### ① 智貢噶舉派

智貢噶舉派（vbri gung bkav brgyud），噶舉派八小支系之一。由帕莫主巴大弟子仁欽貝（rin chen dpal），又名覺巴・久丹貢布（skyob pa vjig rten mgon po，1143-1217）創立。仁欽貝出生於西康丹瑪地區（今四川甘孜藏族自治州鄧柯縣），後來前往智貢地方，主持一座小寺廟。一一七九年，大興土木，擴建小廟，並取名智貢提寺（vbri gung mthil）。仁欽貝在該寺開展了既嚴持佛法戒律、戒酒忌葷，又講授獨具特色的顯密教法的宗教活動，很快智貢提寺成為一座擁有眾多弟子的大僧院，遂形成一支新興宗派，名智貢噶舉派。

近代以來，智貢噶舉派主要傳入克什米爾（Kashmir）等地，建立智貢噶舉派寺院，在信教群眾中具有一定的宗教影響。

### ② 達隆噶舉派

達隆噶舉派（stag lung bkav brgyud），噶舉派八小支系之一。由帕莫主巴大弟子達隆塘巴・札西貝（stag lung thang pa bkra shes dpal，1142-1210）創立。他曾師從帕莫主巴修習帕主噶舉派教法，一一八〇年在達隆地方創建一座寺院，取名達隆寺（stag lung dgon）。在此招收學僧，傳授佛法，整肅教戒，僧眾劇增，遂形成達隆噶舉派。後來達隆塘巴・札西貝的再傳弟子桑杰威（sangs rgyas vod，1251-1294）赴西康傳法，在類烏齊地方創建類烏齊寺（ri bo che dgon）。達隆噶舉派產生上下兩大主寺，其中達隆寺為上部主寺，稱「雅塘寺」（yar thang dgon），類烏齊寺為下部主寺，稱「瑪塘寺」（mar thang dgon）。兩座寺院歷史上曾各有三、四千名僧人。

### ③ 周巴噶舉派

周巴噶舉派（vbrug pa bkav brgyud），噶舉派八小支系之一。其創始人是帕莫主巴的大弟子林熱‧班瑪多杰（gling ras pad ma rdo rje，1128-1188）。他出生在西藏的娘堆地方，小時候學醫；十七歲方出家步入佛門，系統學習顯密教法，後來以精通咒術著名；三十八歲赴丹薩替寺拜帕莫主巴為師，專門修習密法。之後，他周遊藏族地區，為當地豪門顯達講經說法，晚年在那浦寺收徒傳授親自修證體驗的密法，為建立周巴噶舉派打下了教理基礎。

林熱‧班瑪多杰的嗣法弟子藏巴嘉熱耶協多杰（gtsang pa rgya ras ye shes rdo rje，1161-1211）在拉薩附近建造了隆多寺（klong rdol dgon），在熱隆地方建造了熱隆寺（ra lung dgon），又在拉薩西南的曲水地方建造了被稱為「周寺」（vbrug dgon）的一座寺院，至此周巴噶舉派正式形成。該派初期以周寺為主寺，後又以熱隆寺為其主寺，並以熱隆寺為中心傳承，被稱為中周巴學派。

一二四一年，藏巴嘉熱的弟子洛熱巴‧旺秋尊珠（lo ras pa dbang phyug brtson vgrus，1187-1250）創建噶波卻隆寺（dkar po chos lung dgon），並以此寺為主要傳教中心，培養大批門徒，在各地建寺傳法，建立了上週巴學派；約在一二二六年，藏巴嘉熱的另一大弟子郭倉巴‧貢布多杰（rgod tshang ba mgon po rdo rje，1189-1258）在協噶地方建造郭倉寺（rgod tshang dgon），收徒傳法，遂形成下周巴學派。周巴噶舉派主要流傳於不丹王國，寺院林立，信徒眾多。

### ④ 雅桑噶舉派

雅桑噶舉派（gyav bzang bkav brgyud），噶舉派八小支系之一。其起源於格丹‧益西僧格（skal ldan ye shes seng ge，？-1207），正式創宗於卻莫朗（chos smon lam，1169-1233）時期。格丹‧益西僧格是帕莫主巴的大弟子之一，學成後創建索熱寺（so ras dgon），收徒傳法，其中卻莫朗繼承法嗣，於一二〇六年在山南雅桑地方創建雅桑寺（gyav bzang dgon），遂建立宗派，命名雅桑噶舉派，並與當地世俗勢力聯合，元朝授予其雅桑萬戶封號。

### ⑤ 綽浦噶舉派

綽浦噶舉派（khro phu bkav brgyud），噶舉派八小支系之一。由仁布切杰查（rin po che rgyal tsha，1118-1195）和貢丹熱巴（kon ldan ras pa，1148-1217）兄弟創立。他倆均為帕莫主巴的弟子，學業有成後返回家鄉，建寺傳法，遂形成一支宗派。至十四世紀中葉，趨於衰落。

### ⑥ 秀賽噶舉派

秀賽噶舉派（shug gseb bkav brgyud），噶舉派八小支系之一。由帕莫主巴的弟子杰貢・慈臣僧格（tshul khrims seng ge，1144-1204）創立。他於一一五二年開始師從帕莫主巴學法；一一八一年在涅浦地方創建秀賽寺，遂形成宗派，得名秀賽噶舉派，後來逐漸衰落消失。

### ⑦ 耶巴噶舉派

耶巴噶舉派（yel pa bkav brgyud），噶舉派八小支系之一。由帕莫主巴的弟子益西孜巴創立。益西孜巴創建耶浦寺，並收徒傳法，遂形成一支小宗派，命

▲ 瑪尼石刻

名耶巴噶舉派。益西孜巴的嗣法弟子在今青海省玉樹囊謙縣建立達那寺,其法脈傳承延續至今。

### ⑧ 瑪倉噶舉派

瑪倉噶舉派(smar tshang bkav brgyud),噶舉派八小支系之一。由帕莫主巴的弟子喜饒益西(shes rab ye shes)創立。喜饒益西出生於西康的瑪雪地方,生卒年不詳,曾赴西藏求法,後返回故鄉創建雪寺,住寺僧眾達二千人。後又建夏央寺,培養許多高僧,由此形成一支宗派,名為瑪倉噶舉派,又稱瑪巴噶舉派。

## (五)覺囊派

覺囊派(jo nang pa),藏傳佛教主要宗派之一。其法脈源於後藏人裕摩·彌覺多杰(yu mo mi bskyod rdo rje,11 世紀人)。此人首創藏傳佛教中觀「他空見」(gzhan stong)學說,其後傳揚者絡繹不絕,遂形成一個學派傳承;傳至第六傳弟子貢邦·突杰尊哲(Kun Spangs Thugs Rje Brtson Vgrus,1243-1313)時,其學派發展成為擁有寺院實體的一支宗派,名「覺囊派」。之後,嗣法者相繼有強桑·嘉瓦益西(byang sems rgyal ba ye shes,1257-1320)、凱尊·雲丹嘉措(Mkhas Btsun Yon Tan Rgya Mtsho,1260-1327)、多朴巴·喜饒堅贊(Dol Po Ba Shes Rab Rgyal Mtshan,1292-1361)、洛咱瓦·羅哲拜(lo tsa ba blo gros dpal,1299-1353)、喬勒南傑(phyogs las rnam rgyal,1306-1386)、聶溫·貢嘎拜(nya dbon kun dgav dpal,1345-1439)、貢嘎卓喬(kun dgav grol mchog,1507-1569)和多羅那他(da ra na tha,1575-1634)等著名人物。

▲ 位於四川省阿壩州的覺囊派佛塔

多羅那他精通梵文，且同進藏的印度僧人交往頻繁，他根據他們的口述資料撰寫了《印度佛教史》（rgya gar chos vbyung），這部著作後來成為研究印度佛教歷史的重要資料，在中印文化交流史上產生了廣泛影響，已有漢文和英文等多個語種的譯本。多羅那他於一六一五年創建達旦丹卻林寺（rtag brtan dam chos gling，位於今西藏日喀則地區拉孜縣），從尼泊爾請來二十名工匠進行雕塑、繪畫，因而該寺的佛像、壁畫等具有濃郁的尼泊爾或印度佛教藝術氣息。

多羅那他之後，覺囊派由盛轉衰，至清初覺囊派在前後藏地區（今西藏自治區）已銷聲匿跡。然而，覺囊派高僧在多康（mdo khams）局部地區（今四川與青海部分藏區）建寺弘法，使覺囊派的法脈傳承終究沒有斷裂，相沿至今。

一四二五年，仲·熱納室利（drung rrna shri，1350-1435），又名噶西巴·仁欽拜（dkav bzhi pa rin chen dpal），遵照上師喬勒南杰的重託，轉到多康壤塘地方（vdzam thang，今四川省阿壩州壤塘縣）創建吉祥壤塘寺（dpal vdzam thang chos sde），傳揚覺囊派的教法儀軌。後尤其嗣法弟子卻杰·嘉瓦桑布（chos rje rgyal ba bzang po，1419-1482）、策居·熱納格德（tshes bcu rrna kwirti）和阿蓋·尼瑪維塞（Aa rge nyi ma vod zer）等人不斷擴建寺宇，逐步形成卻杰寺（chos rgyal dgon，又稱壤塘寺）、策居寺（tshe bcu dgon，1456 年建立）和藏哇寺（gtsang ba dgon，1730 年建立）三座鼎立的寺院格局，並產生卻杰（chos rje）、策居（tshes bcu）和藏瓦（gtsang pa）等活佛轉世系統。

其中藏哇寺發展成為覺囊派直系法脈傳承的中心寺院，其宗派影響不斷擴大，在四川阿壩州和青海果洛藏族自治州等周邊地區產生許多下屬支系寺院。至清代末期，覺囊派寺院已達三十多座，主要分布在多康（mdo khams）局部地區。

## （六）格魯派

格魯派（dge lugs pa），又名新噶當派（bkav gdams pa gsar ma），在漢語中俗稱黃教，是藏傳佛教主要宗派之一，由宗喀巴大師（tsong kha pa，1357-

▲ 格魯派僧人儀仗隊

1419）創立。宗喀巴是尊號，名洛桑扎巴（blo bzang grags pa），他是藏傳佛教史上最負盛名的佛學家、哲學家、思想家、教育家和宗教改革家，出生於安多宗喀地方（Aa mdo tsong kha，今青海省湟水流域）。自青少年起，廣拜高僧良師，博通佛學顯密義理；三十歲開始著書立說，相繼撰寫《善說金鬘》（legs bshad gser gyi phreng ba，1389 年成書）、《菩提道次第廣論》（byang chub lam rim chen mo，1402 年成書）、《密宗道次第廣論》（sngags rim chen mo，1406 年成書）和《中觀廣釋》（dbu ma vgrel chen，1408 年成書）等傳世之作，構建起顯密相融之佛學體系，確立了中觀應成派之思想權威。

藏曆第七饒迴土牛年，即明永樂七年（1409），宗喀巴得到西藏地方帕竹政權闡化王‧札巴堅贊（grags pa rgyal mtshan，1374-1440）的支持和資助，在

▲ 哲蚌寺「翁則」(佛經領誦師)在大法會上。

西藏拉薩大昭寺首創祈願大法會,在廣大僧俗信徒中贏得巨大個人聲譽,隨之其宗教威望和社會地位迅速提升。是年,宗喀巴在卓日沃齊山(vbrog ri bo che)創建甘丹尊勝洲(dgav ldan rnam par rgyal bavi vgling)道場(今西藏拉薩市達孜縣),即甘丹寺(dgav ldan dgon pa)。宗喀巴以甘丹寺為基地,整頓藏傳佛教秩序,改革藏傳佛教弊端,倡導出家僧人嚴守佛教戒律,頭戴黃色僧帽作為嚴守佛教戒律之標誌,後來格魯派弟子都戴黃色僧帽;出家僧人必須住寺過純粹宗教生活,嚴禁僧人娶妻生子,參與世俗社會;構建完善的寺院教育機制,出家僧人恪守佛教戒律的同時,遵循佛教顯密宗的修學次第,先研習顯宗教理,後修學密宗實踐;以噶當派教義為立宗之本,中觀應成派為本宗之學說觀見,並綜合各派思想之長,親自修行實踐為證驗。這一新的佛學體系遂漸成

▲ 格魯派創始人宗喀巴塑像

為藏傳佛教諸宗派中名副其實的主流宗派。

一四一六年，宗喀巴大師命他的弟子降央卻杰（vjam dbyangs chos rgyal，1379-1449）在拉薩西郊修建哲蚌寺（vbras spungs dgon pa）；一四一八年，宗喀巴的弟子強欽卻杰（byams chen chos rgyal，1352-1435，又名釋迦益西）在拉薩北郊修建色拉寺（se ra theg chen gling）。拉薩三大寺的建立奠定了格魯派堅實的宗派基礎。

繼拉薩三大寺之後，宗喀巴的弟子根敦珠巴（dge vdun grub pa，1391-1474）於一四四七年在後藏日喀則（gzhis ka rtse）創建扎什倫布寺（bkra shes lhun po）。不久，堆西饒桑布（stod shes rab bzang po）在西部阿里（mngav ris）創建達摩寺（stag movi chos sde），麥喜饒桑布（smad shes rab bzang po）在康區（khams）創建昌都寺（chab mdo dgon），至此格魯派在整個藏族地區建立了比較穩定的寺院組織機構。格魯派後來者居上，至十六世紀初在整個藏區初具規模，其發展之迅猛，在藏傳佛教諸多宗派發展史上從未有過。

至十七世紀，格魯派進入鼎盛時期，成為藏傳佛教中勢力最強大、影響最深遠的一大宗派，拉薩的三大寺即甘丹寺、哲蚌寺和色拉寺，後藏的扎什倫布寺、湟中的塔爾寺、夏河的拉卜楞寺、昌都的強巴林寺等，以及達賴喇嘛、班禪額爾德尼、章嘉呼圖克圖和哲布尊丹巴這四大活佛世系，均象徵著格魯派的權威和勢力，在中國藏族、蒙古族、土族、裕固族等少數民族地區的政治、經濟、文化生活中有深遠的影響。

▲ 昌都寺的講經活動

▲ 哲蚌寺大經堂

▲ 色拉寺舉行辯經活動。

## （七）息解派

息解派（zhi byed pa），藏傳佛教宗派或學派之一，法脈源於帕丹巴桑杰。事實上，息解派是一個較小的密宗派系，主要以師徒相承或祕密傳授，提倡宗教苦修，認為如法修行，可以領悟般若性空的奧義，從而斷滅一切苦惱及其根源，停止生死流轉。「息解」一詞是藏語「zhi byed」二字的音譯，意指「能寂」「寂滅」或「能止息」等。

帕丹巴桑杰（pha damba sangs rje，?-1117），印度佛教高僧，密宗大成就者，原名蘇熱古帝（surya kirti），又名嘎瑪拉釋拉（kamalashrivla），是一位傳奇性人物。他出生於南印度若僧訶所屬的春貝嶺，在印度親近許多大師，包括金州大師，系統修學佛教顯密宗教法儀軌。他一生過著遊學苦修的生活，足跡遍及印度各地及鄰邦異域，曾五次進藏傳教，最後一次從西藏遊歷到內地五臺山等地。

帕丹巴桑杰在三個時期向三批藏族門徒傳授了息解派的三種教法。相傳，帕丹巴桑杰在西藏培養了無數個門徒，「其最著名的是息解初、中、後三傳的弟子。初期傳承弟子為迦濕彌羅闍那古訶耶，由翁波譯師作翻譯；中期傳承，他當以教授付給瑪·卻吉謝饒、索瓊·根頓拔、岡·益西堅贊三人而廣為弘傳；其後期傳承，說丹巴到定日朗果寺，有最勝弟子丹巴卡欽、卡瓊、毗遮羅卓達、貢噶四人，尤以丹巴貢噶為上首。」[24]

▲ 山南地區桑日卡瑪寺內供奉的帕丹巴桑杰塑像

息解派在理論上提倡對般若性空的領悟，在實踐上採取一系列苦修的方法。息解派的教法義理以《般若波羅蜜多》經為基礎，並結合甚深瑜伽苦行修練，以息滅或消除所有煩惱痛苦為宗旨。

息解派的祕密教法與解脫生死輪迴的方便法門，構成了息解派與眾不同的教法特點。其修行過程十分艱苦，該派僧人大都在荒山老林、葬場墓地等人跡罕至的地方苦修。但是息解派的繼承和發揚光大者大有人在。比如，「有吉喬桑登貝所建之耀卻頂與葛莫卻頂二寺。吉喬後有絳森巴及古汝貢匈繼承法座。」[25]吉喬桑登貝及其弟子絳森巴和古汝貢匈三位大師，約十四世紀人。由

---

24 土觀·洛桑卻吉尼瑪著：《土觀宗派源流》，劉立千譯，甘肅民族出版社，2000 年，第87頁。

25 土觀·洛桑卻吉尼瑪著：《土觀宗派源流》，劉立千譯，甘肅民族出版社，2000 年，第92—93頁。

於息解派不僅重在宗教苦修，而且僧人大都脫離社會在曠野中過著簡樸的宗教生活，到了十五世紀初，息解派逐漸衰微，後在藏族地區消失。雖然息解派作為一支獨立的宗派已經不存在，作為一個學派，其部分學說及儀軌被其他藏傳佛教宗派所吸納，至今仍在流傳。

## （八）覺域派

覺域派（gcod yul pa），藏傳佛教宗派之一。該派是藏傳佛教宗派史上唯一由出家尼僧創立的宗派，其稱謂具有深遠意義。「覺域」一詞是音譯，其藏文「gcod」（覺）字，意指「斷」或「斷滅」；「yul」（域）字，意為「境」。因此，覺域這一名稱意指，修持該宗派的教法儀軌能夠斷滅人世間所有苦惱的根源。覺域雖有兩種寫法，但其意思基本一致，就是以菩提心或慈悲心來斷滅自利心，以般若性空來斷除我執。

覺域派的法脈源於帕丹巴桑杰，創立者為瑪久拉珍（ma gcig lab sgron，1049-1144），出生於西藏山南地區措美村落，家境闊綽，從小受到良好教育。八歲時，她在一天之內將《般若八千頌》誦讀二遍，且能領會其要義。這種神速的誦讀能力和對般若經義的不同尋常的理解天賦，在本地引起較大反響。當瑪久拉珍在學業上，尤其在佛學知識上蒸蒸日上時，不幸的人間災難降臨在她身上，十三歲時母親去世，十六歲時父親去世，二十歲時姐姐去世。人世間的悲歡離合，使瑪久拉珍的心靈遭受沉重打擊，可她對佛學的追求不但沒有絲毫放鬆，反而更加堅定了自己的信念。

瑪久拉珍二十三歲時，遇見到西藏傳教的印度班智達·陀拔巴札亞（pandita thodba bhadraya），並在這位大師前進一步研習佛法。瑪久拉珍與這位印度人結為夫妻，育有二男一女，長子陀聶桑智（thod smyon bsam vgrub）後來成為瑪久拉珍的得意門徒，為覺域派的發展發揮了重要作用。瑪久拉珍三十四歲時與家庭徹底脫離關係，又重新回到修學佛法的事業中。這段時期，瑪久拉珍主要依止帕丹巴桑杰及其嗣法弟子研習息解派的教法義理。由於她天資聰

穎，佛學功底深厚，很快掌握了該
派的教理思想；與此同時，瑪久拉
珍遊訪寂靜聖地，禪定修練，又在
密宗實踐上取得成就，並形成自己
獨特的修練方法。從此，瑪久拉珍
開始了廣收門徒、傳授自己的佛教
學說的傳教生涯。

　　源自帕丹巴桑杰法脈的覺域派
又分為兩個支系，即男系覺域派和
女系覺域派。從瑪久拉珍那裡傳承
下來的被稱為「女系覺域派」。瑪久
拉珍於一〇八〇年以桑日卡瑪（zang
ri khar dmar，今西藏山南地區桑日
縣）為修行道場，廣收門徒，傳授
自己獨闢蹊徑的佛教學說和別具特

▲ 瑪久拉珍像

色的修練方法，隨之開宗立派，建立了女系覺域派，培養了大批尼僧學者，她
們在當時為提高藏傳佛教尼僧的整體素質和社會地位發揮了巨大作用。瑪久拉
珍本人在佛學知識和密宗實踐上取得的傑出成就，在青藏高原塑造了一個德才
兼備的出家尼僧的光輝形象。後來許多藏族高僧對瑪久拉珍在佛學領域取得的
造詣給予了很高的評價，稱其為偉大的佛母。

# （九）布魯派

　　布魯派（bu lugs），又名夏魯學派（zha lu pa），為藏傳佛教學派之一。由
布頓・仁欽珠大師開創，以西藏後藏地區的夏魯寺（zha lu dgon）為學派活動
中心和修學研習基地，在藏傳佛教界具有一定的佛學影響。

　　布頓・仁欽珠（bu ston rin chen grub，1290-1364）出生於後藏綽普轄地夏

▲ 桑耶寺內的布頓・仁欽珠塑像

麥地方，從小拜師學習佛學知識，十八歲正式出家受沙彌戒，默記戒律經典；二十三歲時受比丘戒，溫習毗奈耶及修心方面的經論。之後，在綽普寺講授《現觀莊嚴論》、《律藏》、《俱舍論》等大經。三十一歲時應日喀則東南夏魯地方領主古香・札巴堅贊的邀請，擔任夏魯寺住持。其間，他向夏魯寺僧眾以及來訪學僧講授佛教大論，贏得廣大僧俗信眾的讚譽。他在夏魯寺大刀闊斧地發展寺院教育，建立顯宗學院和密宗學院，系統教授佛教顯密主要經論；尤其開闢夏魯日埔密宗修行道場，此乃藏傳佛教後弘期較早產生的正規密宗修行場所，對後世藏傳佛教密宗發展產生積極影響。與此同時，他在夏魯寺建立獨具特色的教法儀軌，如冬夏兩季講授《現觀莊嚴論》、《大乘阿毗達磨集論》、《量抉擇論》、《毗奈耶根本經》等顯宗教理，春秋兩季教授《時輪》、《密集》和《瑜伽續金剛生大疏》等密宗教理，從而形成獨樹一幟的布魯學派。

布頓・仁欽珠是藏傳佛教史上有著深遠影響的一代高僧，不僅學富五車，而且德高望重，被冠以「第二佛陀」之盛名；他精通佛教顯密教法，無論在顯宗教理方面還是在密宗實踐領域，均取得高深的造詣，故又被稱為「遍知一切」大師。他不僅講經說法，培養弟子，而且著書立說，著述等身。後由他的大弟子扎澤巴・仁欽朗杰蒐集、整理和編纂了二十八部（函）的《布頓全集》，初以手抄本的形式問世流傳。至二十世紀初期，在拉薩印經院重新校勘出版了

▲ 夏魯寺僧人誦經。

《布頓全集》木刻版，廣為流傳，以《善逝教法源流寶藏》（簡稱《布頓佛教史》）為代表作，有多種文字譯本問世。

由於夏魯寺以及布魯派過多地依賴布頓大師的威望，隨著布頓大師的逝世，布魯派也在藏族地區逐漸地失去了它的獨立性。不過，夏魯寺的建築在藏傳佛教寺院中別具一格，是一座漢藏建築藝術相結合的寺院，而且有古老的壁畫和豐富的文物古籍。夏魯寺除了主殿大經堂外，還有八座佛殿，即銀靈塔殿、南殿、北殿、無量壽殿、馬頭金剛殿、護法殿、堅貢殿和修行殿。該寺的常態佛事活動有：時輪金剛法會，每年舉行三次：第一次在藏曆七月十日至二十三日；第二次在藏曆八月十日至二十三日；第三次在藏曆九月分；勝樂金剛法會，在藏曆十二月十四日至十五日舉行；多聞天供奉法會，在藏曆五月十日至二十三日舉行。還有金剛界諸佛法會等各類不同法會，以及繪製壇城、跳法舞等眾多宗教儀軌。

除了夏魯寺外，在西藏尼木縣有一座被稱為那若寺的布魯派寺院，可是規模很小。作為一支宗派，布魯派已沒有任何實際勢力，但作為一種學派，不少僧俗還會時常談論它。

# 五　藏傳佛教寺院

　　歷史上，由於西藏實行政教合一制度，上層僧侶集團直接參與西藏的政治、經濟、文化等領域的管理，這完全超越了宗教所應有的職能。一九五九年，西藏實行民主改革，無論在思想文化領域還是在生產生活方面，廣大藏族人民都得到了前所未有的解放。

　　目前，藏傳佛教正處在一個健康發展的歷史時期，無論在寺院組織、僧尼戒律，還是在開展宗教活動等方面均趨於成熟和穩定。根據最近資料統計，中國藏族主要居住地區包括西藏、青海、四川、甘肅和雲南，共有二七七一座藏傳佛教寺院。

▲ 江孜白居寺始建於一四一四年。它融合薩迦、噶當、格魯三教派建築風格，別具一格。

▲ 哲蚌寺的展佛儀式

# （一）格魯派寺院

　　從不同宗派的分布或勢力來看，格魯派乃是藏傳佛教中分布最廣、勢力最強的一支，現有一四六〇座寺院，占藏傳佛教各宗派寺院總數的二分之一，遍及整個藏族地區，主要以七大寺院為代表，即位於西藏拉薩的甘丹寺、哲蚌寺和色拉寺，號稱拉薩三大寺，它們歷來是藏族信徒嚮往的朝佛聖地；位於西藏日喀則的扎什倫布寺，是歷代班禪大師的駐錫寺，在藏族信徒的心目中具有崇高的地位；位於青海湟中縣的塔爾寺，是宗喀巴大師的誕生地，在藏傳佛教界享有盛名；位於甘肅夏河縣的拉卜楞寺，是歷代嘉木樣活佛的駐錫寺，在甘、青、川藏區的廣大信教群眾中有著深遠的影響力；位於西藏昌都的強巴林寺，

▲ 甘丹寺

▲ 甘丹寺內供奉的宗喀巴師徒三尊塑像

是歷代帕巴拉活佛的駐錫寺，在該地區具有一定的影響力。

## 1、甘丹寺

甘丹寺，格魯派的祖寺，拉薩三大寺之一，又是格魯派六大寺院之一。它坐落在今拉薩市東北約三十多公里處的卓日沃切山腰，儼如一座山城。該寺沒有設立活佛轉世制，寺院住持以推舉甘丹赤巴（法座）的方式來繼任。首任甘丹赤巴是宗喀巴大師，第二任是宗喀巴的大弟子賈曹杰，至一九五四年甘丹赤巴已傳到第九十六任。甘丹寺的僧侶人數在歷史上定額為三千三百名，排在哲蚌寺、色拉寺之後，但是甘丹寺作為格魯派祖寺，在藏傳佛教界享有崇高地位，尤其是甘丹赤巴在格魯派中威信極高，地位僅次於達賴喇嘛和班禪額爾德尼。甘丹寺在「文革」中被拆毀，一九八〇年國家撥款重新修復。目前，甘丹寺大經堂等建築恢復如初，有二七七名住寺僧侶。

## 2、哲蚌寺

哲蚌寺，格魯派六大寺院之一，為拉薩三大寺之首。它坐落在拉薩市西郊的格培烏孜山南坡的山坳裡，寺院主要由噶丹頗章、大經堂，以及羅賽林扎倉、德陽扎倉、郭芒扎倉、阿巴扎倉四大學院組成，在歷史上是藏族地區規模最大、僧侶最多、級別最高的一大僧院，尤其是五世達賴喇嘛在哲蚌寺建立噶丹頗章政權後，哲蚌寺在政教事務上享有特權，在歷史上其僧侶定額為七千七百名，最盛時多達一萬餘名。哲蚌寺最高僧職為措欽赤巴（大法臺）。目前，哲

蚌寺有四二七名住寺僧人。每年藏曆
六月三十日開始的拉薩雪頓節，就在
哲蚌寺舉行，屆時成千上萬的信教群
眾和觀光旅遊者湧入寺中，參與盛
會，場面宏大而熱烈。

3、色拉寺

色拉寺，拉薩三大寺之一，也
是格魯派六大寺院之一。它坐落在
拉薩市北郊的色拉烏孜山腳下，主
體建築是大經堂，周圍有杰巴扎
倉、麥巴扎倉、阿巴扎倉等學院。
其建築群體宏偉壯觀，寺內藏有許
多經卷、唐卡、佛像等珍貴文物。
在歷史上其僧侶定額為五千五百
名。目前，色拉寺有三二七名住寺
僧侶，香火旺盛，朝佛或觀光旅遊
者絡繹不絕。

4、扎什倫布寺

扎什倫布寺，格魯派六大寺院
之一，位於今西藏日喀則市西郊。
由宗喀巴的弟子根敦珠巴於一四四

▲ 哲蚌寺大殿

▲ 色拉寺

▲ 色拉寺的宗教樂器

七年創建。後來根敦珠巴被追認為第一世達賴喇嘛，而扎什倫布寺成為歷代班
禪額爾德尼的駐錫地，在藏族地區享有崇高地位。扎什倫布寺殿堂林立、規模
恢宏，且擁有世界上最大的銅佛像，即彌勒大佛像；寺內還建有歷代班禪額爾
德尼的靈塔，供信徒膜拜。在歷史上其僧侶定額為四千四百名。扎什倫布寺金

▶ 扎什倫布寺強巴佛殿

▶ 扎什倫布寺的甲納拉
康佛堂

碧輝煌、富麗堂皇，在日喀則地區乃至整個藏區都算得上是一座大型藏傳佛教
寺院，現有七八六名住寺僧人。

5、塔爾寺

塔爾寺，格魯派六大寺院之一，位於今青海省湟中縣城，距離西寧市二十
六公里。塔爾寺是當地佛教徒為了紀念宗喀巴大師而在他的出生地建造的，在

藏傳佛教界特別在格魯派中占有重要地位。塔爾寺從小到大逐步發展，初為當地高僧仁欽宗哲堅贊於一五六〇年建造的靜修禪房，一五七七年又建造了一座彌勒殿，經後人的不斷擴建而形成今天的規模。整個寺院由大經堂、顯宗學院、密宗學院、時

▲ 位於青海省湟中縣的塔爾寺

輪學院和醫學院四大學院構成，最盛時住寺僧侶達三千六百人。寺內繪畫、堆繡和酥油花享譽海內外，被稱為塔爾寺的「藝術三絕」。塔爾寺是一座融合藏漢建築風格的著名藏傳佛教寺院，在國內外有一定的知名度。塔爾寺以歷史悠久、殿藏豐富、交通方便等優勢，成為青海省有名的宗教聖地和旅遊勝地。該寺現有五百多名住寺僧人，每天都在按照宗教儀軌舉行各種宗教活動。

6、拉卜楞寺

拉卜楞寺，格魯派六大寺院之一，也是甘肅省最大的藏傳佛教寺院，由第一世嘉木樣活佛阿旺宗哲於一七一〇年創建，坐落在今甘南藏族自治州夏河縣城西郊，依山傍水，環境十分優美。該寺規模宏大，主要由大經堂以及聞思學院、上續部學院、下續部學院、時輪學院、醫藥學院和喜金剛學院六大學院構成，建築群體雄偉壯觀，歷史上最盛時住寺僧侶達三千六百人。拉卜楞寺的最大優勢在於學制健全，高僧輩出，在藏傳佛教界享有很高的聲譽。拉卜楞寺寺主是歷代嘉木樣活佛，現已傳至第六世。目前，拉卜楞寺是安多藏族地區最大的藏傳佛教寺院和宗教文化中心。

▲ 位於甘肅省甘南藏族自治州的拉卜楞寺

7、強巴林寺

強巴林寺（byams pa gling），藏傳佛教格魯派著名寺院，位於今西藏昌都地區。由麥·喜熱桑布於一四三七年創建。初期階段，寺內相繼建立林堆扎倉（gling stod）、林麥扎倉（gling smad）、努林扎倉（nub gling）、庫久扎倉（khu byug）和絳熱扎倉（lcang ra）五大學院。清代中後期，該寺發展迅速，將原五大扎倉擴建為八大扎倉（學院），即密集扎倉、時輪扎倉、大威德扎倉、喜金剛扎倉、毗盧遮那扎倉、勝樂扎倉、大輪扎倉（vkhor chen）、無量壽扎倉，平時寺僧達三千多人，擁有屬寺一百三十多座，遍布昌都、類烏齊、左貢、察雅、丁青、八宿、江達和波密等地；並形成帕巴拉（vphags pa lha）、希瓦拉（zhi ba lha）、嘉熱（lcags ra）、貢多（dkon rdor）和智塘加熱（gru thang rgya ra）等大活佛轉世系統。其中帕巴拉活佛為法定寺主，當他尚處幼年期時，由希瓦拉、嘉熱和貢多三位世系活佛輪流代理掌管寺院事務。

▲ 昌都地區強巴林寺

## （二）寧瑪派寺院

　　寧瑪派作為藏傳佛教諸多宗派中歷史最為悠久的宗派，在藏族地區有著漫長的歷史演變過程。除了眾所周知的西藏自治區的桑耶寺早在八世紀創建之外，在其他藏族地區也有不少歷史久遠的寧瑪派寺院。比如，藏傳佛教「前弘期」產生的藏族第一批出家僧侶中的毗茹札那大師，早在八世紀就到今四川阿壩藏族地區傳教布道，在那裡他一邊翻譯佛經、講授教法、坐禪修定，一邊招收徒弟、建立寺廟、弘傳佛法。今日阿壩藏族地區寧瑪派寺院的數量遠遠超過其他藏傳佛教宗派的寺院數量。

　　吐蕃佛教在八世紀開始傳入今雲南迪慶藏族地區。目前，從數量上看，寧瑪派寺院在迪慶藏族地區雖然位居第三，但在時間上卻有自己的絕對優勢，不少寺院的歷史可以上溯到吐蕃時期，即八世紀，其他宗派在年代上無法與其比擬。

九世紀中葉，吐蕃佛教傳入安多地區，即今青海省藏族地區，隨之產生了藏傳佛教寺院。八四一年，吐蕃贊普朗達瑪發動滅佛運動，三位藏族僧人（藏·饒賽、約·格瓊、瑪·釋迦牟尼）攜帶不少佛教律藏經典逃至今青海省東部的藏族地區，並在今黃南藏族自治州的尖扎縣以及海東地區的循化、化隆、互助、樂都、西寧等地傳教，培養佛教門徒，並建立了一些寺廟作為宗教活動中心，如丹斗寺、白馬寺等就是在這一時期建立的。目前，寧瑪派寺院不僅遍及青海省的整個藏族地區，而且數量較多，僅次於格魯派寺院。

### 1、噶托寺

　　噶托寺位於今四川省甘孜藏族自治州白玉縣城以北約二十公里處，是一座歷史悠久的寧瑪派寺院，是由寧瑪派歷史上號稱「三素」中的卓浦巴大師再傳弟子——嘎當巴·德協西巴（1127-?）於十二世紀中葉主持創建。該寺最興隆

▲ 位於四川省甘孜藏族自治州的寧瑪派寺院噶托寺

時占地約一平方公里，經堂四十八座、辯經堂四十二座、坐經堂五座、僧舍五一三套。有三座著名的佛殿，第一殿置有從印度運來、高九點四米的銅塔；第二殿供奉高八米的釋迦佛銅像；第三殿為密宗殿。寺院還擁有印經房十一間，當時裡面保存藏、梵文經書達九百餘種。在教法傳承方

▲ 位於四川省甘孜藏族自治州的寧瑪派寺院白玉寺

面，傳授屬於西藏敏珠林一派的「伏藏南傳」教法儀軌，同時兼習寧瑪派中遠傳經典派的教法體系，寺院住持以轉世活佛的形式來接任相承。噶托寺是一座設施齊全、結構完備、規模較大的正規寧瑪派寺院。解放前，噶托寺一直受到德格土司的支持和供養，在藏區享有較高的聲譽，前往該寺朝拜的香客總是絡繹不絕。目前，噶托寺依然煥發著昔日的輝煌，香火十分興隆。

## 2、白玉寺

一六七五年，一位名叫仁增貢桑喜饒的高僧在今四川省甘孜藏族自治州白玉縣城附近創建了又一座寧瑪派寺院，即白玉寺。該寺的最大特點在於它同藏傳佛教帕主噶舉的瑪倉巴支系在教法儀軌上有一定的連繫，故在佛教顯密教法的傳授以及修習等方面與寧瑪派其他寺院有所差別。比如，白玉寺的寺主雖然也是以活佛轉世的形式選定，但是歷輩轉世活佛（即噶瑪洋賽活佛）都要前去噶瑪噶舉寺院德格八蚌寺，在司徒活佛座前受戒。八蚌寺為德格土司的家廟之一，在德格土司的轄區有著特殊的地位。不難看出，在白玉寺內出現噶舉派和寧瑪派在教法儀軌方面相結合的現象，有其特殊的政治文化背景。白玉寺歷來以寧瑪派寺院自居，它有眾多的寧瑪派屬寺。根據有關資料，白玉寺在四川的阿壩和甘孜地區、西藏昌都的江達一帶、青海的果洛等藏區擁有一百多座屬寺。

▲ 位於四川省甘孜藏族自治州的寧瑪派寺院佐欽寺

3、佐欽寺

一六八四年，五世達賴喇嘛阿旺羅桑嘉措（1617-1682）命其弟子寧瑪派高僧白瑪仁增大師（1625-1697）前往康區傳教，在康區又得到林蔥和德格兩大土司的鼎力支持，於一六八五年在德格東北不遠處建立佐欽寺（又名竹慶寺），白瑪仁增成為寺主，後被追認為佐欽寺第一代活佛，自此轉世相承。後來，佐欽寺得到從中央到地方以及周邊國家不同程度的支持，其發展規模、速度等皆超過噶托寺和白玉寺，成為西康地區最著名的寧瑪派寺院。根據四川省檔案館館藏檔案，「清雍正九年（1731 年）果親王來康時，特贈鍍金佛像一百餘尊。第三代任寶卿係達賴姨表兄弟，得西藏資助創設講經院。不丹國不僅派僧人前來學經，而且禮聘該寺大喇嘛擔任國師。第五代任寶卿獲不丹國的捐獻，開辦高級部講經院，免費為深造者提供食宿。竹慶寺因有種種特殊援助，

發展神速，成為四川藏區寧瑪派之三大主寺之一」。[26]在教學方面，參照格魯派在系統學習佛教顯宗理論方面所取得的成功經驗，佐欽寺開設了必修的十三部顯教經論課程，這十三部經論相當於格魯派寺院裡學習的五部大論，同時進修隆欽饒絳巴等寧瑪派著名學者的論著。

因此，佐欽寺逐漸發展成為西康地區乃至整個藏族地區系統學習寧瑪派教法的中心寺院，成為一座深造佛教知識、研習藏族文化的學府。佐欽寺常住寺僧曾達五、六百人，而且「它的聲望似乎也超過了前藏的多杰札寺和敏珠林寺。各地寧瑪派僧人也常到這個寺院求學，不丹和尼泊爾的寧瑪派僧人也往往有來這裡求學的」。[27]可以說，佐欽寺不僅在中國藏族地區贏得很高聲譽，而且在周邊國家享有崇高的威望。佐欽寺僅在中國藏族聚居區就擁有一百多座寧瑪派屬寺，這些寺院主要分布在四川省阿壩、甘孜以及青海省玉樹等地區。

### 4、多杰札寺

多杰札寺，位於雅魯藏布江北岸的一座山崖腳下，在今西藏山南地區貢噶縣。規模不大，遠遠望去，寺院與山崖非常協調，極為壯觀。該寺最初由一位名叫扎西多杰的後藏沒落貴族於十六世紀末葉創建，據說寺院背面的山崖中曾出現過一個自然形成的質地為綠松石的金剛杵，因而寺院取名為多杰札寺，「多杰札」是藏語音譯，意為「金剛崖」。多杰札寺在十七世紀得到五世達賴喇嘛的大力扶持，有了長足發展，最盛時住寺僧侶竟達二千多人。該寺在「文革」中遭到了破壞，一九七八年中共十一屆三中全會以後，國家撥專款進行了維修。曾任西藏自治區政協副主席、中國佛教協會副會長的多杰札‧江白洛桑活佛健在時常去該寺主持佛事活動，寺廟的管理工作也做得較好。在教法傳承上，多杰札寺以寧瑪派「伏藏北傳」支系的祖寺自居，在整個藏族地區擁有許

26 冉光榮編著：《中國藏傳佛教寺院》，中國藏學出版社，1994 年，第 102 頁。

27 王森著：《西藏佛教發展史略》，中國社會科學出版社，1997 年，第 49 頁。

多屬寺，大都在四川藏族地區。多杰札寺與佐欽寺之間保持著密切的關係，因為這兩座寺院同屬寧瑪派「伏藏北傳」支系，在教法義理、宗教儀軌等方面相互學習、取長補短。多杰札寺作為西藏自治區最負盛名的兩座寧瑪派寺院（另一座為敏珠林寺）之一，不僅在西藏地區的信教群眾中有很高的聲譽，而且在整個藏族地區也具有一定的影響力。多杰札寺的寺主歷來是通過活佛轉世的方式繼任，其尊號為「仁增欽摩·多杰札」。

5、敏珠林寺

敏珠林寺位於今西藏山南地區札囊縣札切鄉，是藏傳佛教寧瑪派兩大主寺之一，以繼承和發揚光大寧瑪派「伏藏南傳」支系的教法而聞名於整個藏族地區。敏珠林寺是由擔任過第五世達賴喇嘛經師的伏藏大師德達林巴於一六七六年倡導建立的，是一座具有鮮明特色的寧瑪派寺院。該寺院除了弘傳寧瑪派「伏藏南傳」支系的教法儀軌之外，主要以研習藏族十明學科而著稱於世。十

▲ 位於山南地區札囊縣的寧瑪派主寺敏珠林寺

▲ 位於山南地區札囊縣的桑耶寺大殿

明學科幾乎包括了藏族整個傳統文化體系，由修辭學、辭藻學、韻律學、戲劇學、星象學、工藝學、醫學、聲律學、正理學和佛學共十個不同的學科組成。敏珠林寺在寧瑪派重宗教實踐、輕理論學習的宗派氛圍中獨闢蹊徑，不僅重視對佛教理論知識的全面掌握，而且深入系統地學習和研究藏族文化，在整個藏族地區成為一座獨一無二的、超越宗教文化範圍的全面研習藏族文化的綜合性學府。解放前，慕名前來求學的藏族僧人絡繹不絕，特別是西藏地方政府中的俗官也常到敏林寺學習藏族文化知識。所以，敏珠林寺對繁榮和發展藏族文化所作出的貢獻，遠遠勝於對寧瑪派自身的發展所發揮的作用。比如，敏珠林寺在藏文書法上取得的輝煌成績人人皆知。這一書法派別曾影響了一代又一代藏族書法家，從而極大地推動了藏族書法藝術的進步。在十八、十九世紀出現過許多貫通十明學科並在藏族傳統文化上造詣頗深的寧瑪派高僧，這與敏珠林寺一貫在藏族地區倡導研習藏族傳統文化的良好氛圍不無關係。濃厚的文化氛圍是敏珠林寺的一大特色。

敏珠林寺於一九九五年設立了文化學院，在藏族傳統文化學習方面，依然保持著自己的優良傳統。

6、桑耶寺

桑耶寺由寧瑪派、薩迦派和格魯派三大宗派主持。在寺內設有寧瑪派和薩迦派兩家的護佛殿，分別供奉著兩派最神聖的護法神。這表明了寧瑪派和薩迦派在桑耶寺裡不僅擁有教權，而且擔負著維護寺院尊嚴和威信的神聖使命。然而，在宗教儀軌方面則不分主次，無論寧瑪派、薩迦派還是格魯派均享有平等的舉辦資格。例如，在桑耶寺內舉辦宗教活動時，主要根據信教群眾（施主）的意願來選定某派的宗教儀軌。可以說，從寺院自身的角度看，桑耶寺沒有鮮明的宗派觀念。

7、大昭寺

大昭寺是一座在國內外知名度很高的藏傳佛教寺院。大昭寺是在松贊干布時期興建的吐蕃第一批佛殿之一，具有悠久的歷史，屬於寧瑪派寺院。大昭寺是全國重點文物保護單位之一，得到國家和地方政府的修繕保護，而且寺內供養著釋迦牟尼佛像，它在廣大藏族信教群眾心目中占有神聖的地位。大昭寺實際上是藏傳佛教諸多宗派之上的一座聖殿。一四〇九年，宗喀巴大師在大昭寺內第一次成功地舉辦聲勢浩大的傳昭大法會，即大祈願法會，後來格魯派將舉行這一大型法會的傳統繼承下來，並延續至今。雖然大昭寺是格魯派管理的一座主要寺院或聖殿，但是就大昭寺本身來說，根本沒有宗派之區別和界限。大昭寺裡面不僅供奉著各宗派的護法神、主尊佛，而且安置著各宗派眾多高僧大德的塑像或壁畫，外面四周還建有各個宗派的殿堂，一年四季香火不斷。各個宗派在大昭寺內隨時可舉辦帶有各自宗派儀式的宗教活動，每年均有數以萬計的藏族信教群眾來此朝拜，也吸引著海內外大批信徒和遊客前來參觀遊覽。桑耶寺、大昭寺和昌珠寺，雖然都是融合多種宗派於一身的綜合性寺院，但廣大寧瑪派僧人包括歷代高僧大德都認為，這三座寺院始終是寧瑪派的祖寺，在寧

▲ 拉薩大昭寺

瑪派這一宗派中占有頗為重要的地位。

目前，在整個藏族地區共有七五三座寧瑪派寺院，從分布情況來看：西藏自治區有三四四座；四川省甘孜及阿壩兩地有二六二座；青海省的藏族地區有一三五座；甘肅省的藏族地區有八座；雲南省迪慶藏族自治州有四座。在西藏自治區和四川藏區，藏傳佛教寧瑪派寺院比較集中。

寧瑪派寺院在廣大藏族信教群眾中有很大的影響，僅次於格魯派寺院。

## （三）噶舉派寺院

噶舉派作為藏傳佛教宗派中支系最多的重要宗派，擁有眾多的寺院和僧侶。從時間上看，噶舉派寺院的正式建立與寧瑪派寺院相比，大約晚三百多年。噶舉派的寺院是隨著該宗派的形成而逐步建立起來的，以藏傳佛教「後弘期」達布拉杰一一二一年創建岡波寺為開端。隨著噶舉派的蓬勃發展，特別是其內部分支派別不斷產生，噶舉派寺院逐漸遍及整個藏族地區。

目前，中國藏族地區共有三百八十座噶舉派寺院，數量上排在格魯派和寧瑪派之後，居第三位。從地區的分布情況來看，西藏自治區最多，有二三一座；其次為青海省，有一〇一座；第三為四川省，有四十三座；雲南省有五座。

西藏自治區的分布情況是：拉薩市區二十三座；林芝地區二十座；山南地區三十九座；日喀則地區二十九座；阿里地區十四座；那曲地區二十八座；昌都地區七十八座。噶舉派寺院在青海省絕大多數集中在玉樹藏族自治州，多達九十三座。青海省的玉樹地區和西藏自治區的昌都地區是噶

▲ 位於四川省阿壩州的米拉日巴九層佛殿

舉派寺院比較集中的地方。

在噶舉派內部的支系派別中，噶瑪噶舉派遍及絕大多數藏族地區。即使在距離西藏自治區較遠的雲南藏族地區，五座噶舉派寺院中也有三座屬於噶瑪噶舉派。

### 1、智貢提寺

智貢噶舉派在藏族地區有較強的勢力。智貢噶舉派的創始人仁欽貝大師於一一七九年在智貢地方建造了智貢提寺，該寺遂成為智貢噶舉派的祖寺，以及傳承智貢噶舉派法脈的中心寺院。仁欽貝大師去世後，智貢提寺住持職位由智貢家族接任並開始世襲，元朝時期封該家族為智貢萬戶長，成為西藏地區新興的政教合一的地方勢力。

▲ 位於四川省甘孜藏族自治州德格縣的噶舉派寺院

　　智貢提寺位於今西藏自治區墨竹工卡縣。值得一提的是，智貢噶舉派寺院中還有不少尼僧寺。青海省玉樹藏族自治州的二十一座智貢噶舉派寺院中就有五六座尼僧寺，有一定數量的尼僧常住，如囊謙縣的塔瑪寺、麥慶寺、蓋瑪寺等。

## 2、達隆寺

　　達隆噶舉派在藏族地區的地位及影響力基本接近於智貢噶舉派。達隆噶舉派創始人達隆塘巴・札西貝大師於一一八〇年創建達隆寺。作為達隆噶舉派的祖寺，達隆寺在藏傳佛教界享有盛名。它坐落在西藏林周縣。歷史上，隨著達隆噶舉派的不斷發展，其宗派勢力曾遠至甘肅省的部分藏族地區。如位於今甘肅省天祝縣城東北的達隆寺，其建寺者是西藏噶舉派達隆系僧人，故稱為達隆

寺，但後來改宗格魯派的寺院。

　　3、熱隆寺

　　周巴噶舉派在中國藏族地區擁有不少寺院，在青海省玉樹藏族自治州有十座周巴噶舉派寺院，其中尚有幾座規模較大的寺院，如囊謙縣的桑買寺、采久寺。玉樹州還有幾座規模不小的周巴噶舉派尼僧寺。周巴噶舉派的祖寺是熱隆寺（建於 1180 年），坐落在今西藏日喀則地區江孜縣熱隆鄉的一個夏季牧場上，海拔四千米以上。由於氣候的原因，與其他寺院相比較，到熱隆寺朝拜的香客較少，熱隆寺平常將各個殿堂上鎖，常年養有幾條大型藏獒守護寺院。周巴噶舉派在不丹等國具有一定的影響力。

　　4、楚布寺

　　楚布寺位於今拉薩市堆龍德慶縣，雖然住寺僧人不算多，其建築規模也談不上宏偉壯觀，但是它有著悠久的歷史，還是噶瑪噶舉派的祖寺，又是歷代噶瑪噶舉派黑帽系活佛的駐錫地，有很高的知名度。

　　5、類烏齊寺

　　類烏齊寺位於今西藏昌都地區類烏齊縣，創建於一二七六年。該寺在歷史上以規模宏大著稱，常住僧侶曾多達四千人。這一僧侶數目在藏區只有哲蚌寺、色拉寺等極少數格魯派的大型寺院可以與之相比。有的學者曾認為該寺是噶瑪噶舉派寺院。實際上，類烏齊寺一直是達隆噶舉派的一座寺院。目前，類烏齊寺依然是藏族地區的大型寺院。

　　6、八蚌寺

　　八蚌寺位於四川省甘孜藏族自治州德格縣，是一座著名的噶瑪噶舉派寺院，建於一七二七年。該寺曾得到德格土司的扶持，發展迅速，在鄰近地區擁有眾多附屬寺院，約八十座屬寺，甚至雲南省麗江地區、青海省玉樹地區也有不少附屬寺院。

▲ 昌都地區類烏齊寺

▲ 位於四川省甘孜藏族自治州德格縣的噶瑪噶舉派寺院八蚌寺

## （四）薩迦派寺院

據統計，目前在中國藏族地區共有一四一座薩迦派寺院，其中西藏自治區有九十四座，約占三分之二，以薩迦寺為代表。

### 1、薩迦寺

薩迦寺是薩迦派的祖寺和中心寺院，在薩迦派發展史上具有崇高的地位，是一座具有濃郁宗教文化氛圍的藏傳佛教寺院，在國內外享有聲譽。它位於日喀則市薩迦縣城，歷史上又分南寺和北寺。南寺晚於北寺，由本欽釋迦桑布於一二八八年建造，主殿外圍築有高大的圍牆，厚二米多，高五米左右，圍牆四隅有角樓。全寺總面積達一萬四千七百平方米，寺內藏有豐富的宗教文物和古籍，因而有「第二敦煌」之稱。薩迦寺的組織機構是由七人組成的管理委員會，其中有一位名譽主任，三位副主任，三位委員；管委會內部又分教務組、文物組、財務組、維修組、衛生組、接待組六個部門。

▲ 位於四川省甘孜藏族自治州石渠縣的藏傳佛教石經牆

▲ 薩迦寺南寺大經堂

在研習教法儀軌方面，薩迦寺以顯密二宗為主。主要學習顯宗理論，寺院設立初級班和高級班。初級班學制六年，他們主要從學習藏文文法、詩歌學、修辭學、天文歷算學、正字法、入菩薩行論等開始，最後進入全面學習佛教理論知識的階段，期間每位學員要背誦六大佛經。高級班學制六年，他們主要研習薩迦派的十八部經典，其中除了薩迦班智達·貢噶堅贊的《量理寶藏論》之外，其餘均為出自印度高僧之手的經論，薩迦派學者常以此為榮，認為他們的教法是正宗的佛教經論。學員完成十八部經典研習之後，就要參加「然絳巴」學銜的答辯考試。

顯宗理論的學習階段結束後，便升入修習密宗階段。在修習密宗期間，學員先要研習和掌握密宗理論，即四大密宗經論：《續部總論》、《續部修證寶樹》、《喜金剛續詮釋》和《道果經》。之後，才有資格正式進入密宗修習過程，如接受密法灌頂、修學密法儀軌等，逐步邁入宗教實踐領域。這時學員修練以喜金剛的生起次第和圓滿次第為主的高深密法。

薩迦寺法會活動主要有喜金剛法會、供養法會、金剛橛法會等。其中喜金剛法會，在每年藏曆九月八日至九月十四日舉辦，法會期間眾僧主要以舉行誦經、供養等儀式修習喜金剛密法之儀軌；供養法會，在每年藏曆十一月二十三日至十二月一日舉辦，其間，用綵線、糌粑等做成供品，供奉神靈，佈施鬼怪，同時僧侶既誦經又跳法舞；金剛橛法會，在每年藏曆七月八日至十八日舉辦，法會期間主要以跳法舞的形式來修供本尊金剛橛。

2、貢嘎曲堆寺

位於西藏山南地區貢嘎縣的貢嘎曲堆寺，也是一座知名度較高的薩迦派寺院，由圖敦·貢嘎南杰於一四六四年創建，最初是前藏地區傳播薩迦派密法的重要道場，以傳授貢嘎支系密法聞名。該寺「文革」期間遭到破壞，一九八五年國家撥款維修。貢嘎曲堆寺除了全寺僧人每天早晚集中在大經堂誦經之外，藏曆一月九日至十九日舉行喜金剛法會，藏曆四月十四日舉行紀念薩迦班智達圓寂法會，等等。

除了西藏自治區外，四川甘孜藏族自治州和青海省玉樹藏族自治州也有不

▲ 位於四川省甘孜藏族自治州的薩迦派寺院宗薩寺

少薩迦派寺院。根據歷史文獻，康區薩迦派寺院大都是在清代建成發展起來的，如貢欽寺、宗薩寺等。由於歷代德格土司（sde dge rgyal po）提倡各宗派共同發展繁榮的理念，平等扶持各宗派寺院建設，使這一地區的宗教不分派系，均得到良好的發展空間。德格土司家族有一傳統家規，弟兄有二：其一世襲土司職位並兼任法王；其一出家為僧，接任貢欽寺（家廟）住持。

## （五）覺囊派寺院

覺囊派寺院主要分布在四川省阿壩自治州和青海省果洛藏族自治州兩個地區，共有三十七座寺院。

### 1、阿壩地區寺院

覺囊派寺院集中在四川省阿壩自治州壤塘縣，主要有夏炎寺、紅土寺、日棱寺、尕牙塘寺、屈塘寺、中壤塘寺（藏哇寺、卻杰寺、策居寺）和貢布拉崗等七座寺院；馬爾康縣主要有黑爾木亞寺、干木鳥寺、巴朗寺、康山寺、顏木底寺、扎西日崗寺和讓古寺等；阿壩縣主要有色貢巴寺、孜朗寺、塔爾麼寺、雅貢寺和阿華寺。

### 2、果洛地區寺院

青海省果洛藏族自治州的覺囊派寺院主要有甘德縣的扎西曲朗寺、隆什加寺、恰依龍寺；班瑪縣主要有阿什姜賈貢寺、浪本寺；久治縣主要有尖姆寺、寧支寺。寧支寺很有特色，是一座融格魯派和覺囊派為一體的寺院，時常由兩派僧人共同舉行佛事活動。

目前，壤塘縣的壤塘寺是覺囊派的代表性寺院，成為以上兩大地區覺囊派寺院的母寺，在覺囊派中享有崇高地位。

▲ 位於四川省甘孜藏族自治州的德格印經院的走廊

# 第三章

# 基督教

藏族地區並非藏傳佛教一統天下，也有基督教和伊斯蘭教。相對而言，基督教和伊斯蘭教在藏族地區影響較小。多數藏族地區宗教依然以藏傳佛教為主，但在部分藏族地區或在較偏僻的村落裡卻呈現多元宗教共存的文化風貌。

# ▎一　天主教初傳西藏的歷史

　　根據有關史料，天主教最初是經過印度傳入西藏阿里地區。阿里位於西藏的西部，北接新疆，西與克什米爾接壤，西南又與尼泊爾毗鄰，歷來是多元文化交會的中心地帶。一六二四年，傳教士安奪德（Andrade）和馬柯斯（Maques）經過千辛萬苦，抵達阿里象泉河谷的澤布隆地區。由於這裡是阿里地區氣候宜人、水土肥美的一塊寶地，兩人便在此地居留下來，開展傳教活動。他倆首先向當時的古格王送重禮，建立友好關係，最後得到古格王的允許和支持，於

▲ 位於西藏昌都地區芒康縣上鹽井村的天主教堂鐘樓

一六二六年在阿里澤布隆地區創建了西藏第一座天主教教堂。但是好景不長，約在一六三〇年左右，教堂被藏傳佛教信徒摧毀，天主教在阿里地區的傳教活動也完全中止。

　　一六二八年，卡西拉（Cacella）、卡布拉爾（Cabral）等傳教士從不丹進入西藏日喀則地區，在當地首領藏巴汗的允許下開展傳教活動，計劃建立天主教教堂。一六三一年，由於受到藏傳佛教僧人和信徒的反對和排斥，傳教活動宣

告失敗，日喀則的教會組織只好撤退。

　　據有關史料記載，一六六一年，天主教傳教士第一次到達拉薩城，在拉薩停留了兩個月；之後，不同組織的天主教傳教士相繼於一七〇九年、一七一四年、一七一六年、一七一八年、一七二〇年、一七二七年、一七四一年多次抵達拉薩從事傳教活動。一七二一年，他們終於在拉薩建造了一座小教堂。教堂雖然建立了，但是至一七四一年還沒有一名藏族人真正入教，只有少數尼泊爾、克什米爾和漢族人入教，隨後傳教士說服自己的傭人和一些未成年人，共二十六位藏族人受洗入了天主教。由於認為天主教的一些言行同藏傳佛教格格不入，一七四五年西藏地方政府將天主教傳教士從拉薩驅逐出去，同時天主教教堂也被推倒。西方天主教在西藏活動了一個世紀，一直沒有站穩腳跟，以失敗而告終。

　　十九世紀以後，西方天主教不再涉足西藏中心地區，其傳教目的地轉入四川省、青海省、雲南省等藏族地區，但是同樣遇到當地藏族信徒的極力排斥，難以找到落腳之地。當時天主教曾將傳教重點放在四川省的理塘、巴塘和打箭爐等藏族地區。這些地區發生了許多天主教與藏傳佛教之間的衝突事件，最後天主教的計劃或夢想一一落空。然而，在靠近四川省巴塘和雲南省德欽，地處偏僻的西藏昌都地區芒康縣鹽井納西族鄉，卻奇蹟般地留下了一座天主教教堂。

# ▌二　巴塘基督教的興衰歷史

　　巴塘縣是四川省甘孜藏族自治州直轄縣之一，位於該州西南部，面積八一八六平方千米，人口大約四萬五千人，縣人民政府位於夏邛鎮，海拔二千五百米左右，以農業為主。巴塘一帶被稱為「高原江南」，屬於河谷地區，極適宜農作物生長，主要出產青稞、玉米、小麥、豆類，盛產蘋果、梨、桃等。生產上，該縣以前靠伐木創收，被稱為「木頭經濟」，現在當地農牧民又靠挖採草藥創收，被稱為「藥材經濟」。

　　巴塘基督教的興起及衰落，體現了不同文化間相互衝突或接納的過程，其中既有客觀機遇又有主觀因素。

## （一）天主教的產生及衰落

　　根據記載：「同治二年（1863 年）十月，東路法國羅勒拏、蕭潔日等於今春派無賴劉姓由爐城運來茶包，在巴（塘）、里（塘）一帶散給漢兵，要結人心。」[1]這是法國傳教勢力初次進入巴塘縣的案例。當時清朝中央與地方政府均對外國傳教士的活動深感憂慮，但法國傳教士力圖打通康藏之路，遂派神父吳依容駐足康定（打箭爐），神父巴布埃進而到巴塘置買土地，建造房屋及教堂三座。實際上，早在咸豐十年（1860），法國天主教士已依據不平等條約，持中國官方證照在康定傳教，並延伸到臨近的巴塘地區。

　　法國傳教士在巴塘縣城經十年慘澹經營之後，因與當地藏族居民的宗教信仰及文化習俗不相融而發生衝突，最後遭受滅頂之災。同治十二年（1873）八月藏族民眾不僅將巴塘縣的傳教士驅逐四散，而且將教堂及其他輔助建築全部

---

1　《西藏研究》編輯部編：《清實錄藏族史料》（九），西藏人民出版社，1982 年，第4321 頁。

拆毀，甚至鹽井和莽里的兩座教堂也被焚毀，並乘機搶劫其財產物資。巴塘、鹽井和莽里三地的司鐸、教士均逃至打箭爐（康定）。

清朝光緒六年（1880），奧斯馬加[2]伯爵攝政義等人欲由四川省經巴塘進入藏區，因被藏族民眾持械阻攔被迫改道入滇（雲南）；[3]光緒七年（1881），巴塘法國天主教堂司鐸梅玉林，押運西方貨物十三馱前往鹽井，在核桃園搭帳篷住宿時，被三岩藏民劫殺；[4]光緒三十一年（1905），巴塘藏族民眾又焚燒法國天主教堂，並將牧守仁和蘇烈二位神父槍殺於巴曲河畔。據史料檔案記載，從同治十二年（1873）至光緒三十一年（1905）的三十二年中，巴塘地區共發生五次大教案。[5]

以上頻頻發生的教案，是巴塘藏族民眾以藏傳佛教信仰者的立場或情緒堅決抵抗西方基督教的結果，遏制了法國天主教在巴塘一帶的傳播和發展。民國末年，在巴塘的法籍司鐸、神父紛紛取道雲南省回國，將天主教堂及其財產暫交當地教友看管。一九四九年十二月，巴塘和平解放，天主教堂及其財產轉由仰恩吉村管理。

## （二）基督教的產生及衰落

當法國天主教在巴塘地區受挫趨於萎縮或衰退之時，美國基督教卻開始傳入巴塘。根據史料記載：「光緒三十四年（1908），美國醫生史德文來巴塘以行醫為入世之謀，漸得巴塘信仰。商得川邊邊務大臣之許可，在城內租佃貴族

---

2　「奧斯馬加」是指奧斯馬加帝國，即奧匈帝國，成立於 1867 年。

3　《西藏研究》編輯部編：《清實錄藏族史料》（九），西藏人民出版社，1982 年，第 4434-4435 頁。

4　《西藏研究》編輯部編：《清實錄藏族史料》（九），西藏人民出版社，1982 年，第 4448 頁。

5　參見《巴塘縣宗教志》。

協傲家房屋，設立基督教堂，附設醫藥部、康化學校，深入民間，通曉邊情，業務日興。」[6]

宣統二年（1910），美國史德文醫生、浩格登牧師與巴塘糧臺王會同租得巴塘縣南門外架炮頂野壩三十畝地，修建了一座教堂、一所半西式醫院（後稱華西醫院）、一所學校（後稱華西學校）、一所孤兒院和牧師住宅等，並大面積栽植從美國引進的蘋果樹。美國基督教以開辦醫院、學校及孤兒院等社會公益福利作掩護或支撐點，在巴塘順利立足並有了短暫的發展。一九二四至一九二五年一年內，在巴塘基督教堂受洗禮的藏族教友達四十餘人，孤兒院內的六十多男女也受洗禮入教；又如一九二八到一九二九年期間，在僅有三百餘戶的巴塘城鎮居民中竟有美籍男女三十四人之多。[7]這說明了基督教在巴塘的「興隆」。

民國二十一年（1932），當地政局動盪，洋人離開巴塘，基督教會由華人牧師李國光主持，其後派裴以德協助，直至巴塘和平解放。民國十四年（1925），由美國基督教總會派來的牧師馬德勒曾主持修建了巴安基督教禮拜堂，位於巴塘城內，建築面積二一七平方米。一九五〇年，美國人出境，教會由李國光等人主持，教務開始衰萎，信徒減少。一九五八年伊始，巴塘基督教會停止了一切教務或宗教活動，其禮拜堂也無人管理，後因年久失修成為危房，於一九八五年拆除。至此，美國在巴塘的基督教會歷史宣告結束。

法國天主教與美國基督教會在巴塘地區的傳播歷史表明，雖然兩者在傳教過程中採取了各自不同的方法途徑，但是最終兩者都沒有真正融入藏族百姓的日常生活或文化習俗之中，更無法同藏族百姓的正統宗教信仰和諧相處。因此，西方基督教在巴塘歷史上只是曇花一現。

---

6　參見《巴塘縣宗教志》。

7　參見《巴塘縣宗教志》。

# 三　鹽井天主教的歷史與現狀

鹽井納西民族鄉是西藏昌都地區芒康縣直轄鄉鎮之一，位於芒康縣南端，距離縣城一百二十公里，與雲南省德欽縣接壤，是西藏東南大門、商業重鎮、貨物集散地，下轄四個行政村。

鹽井天主教的最終命運與巴塘天主教截然相反。鹽井天主教在其歷史上曾獲得一段較安定的生存發展時期，成功地培育了信仰天主教的本土藏族群體，故有其今日的天主教傳承。

## （一）鹽井天主教的風雨歷史

據考證，天主教是在一八六五年開始傳入鹽井地區的。[8]最初，被逐傳教士從察瓦博木噶（今西藏自治區察隅縣）逃到鹽井地區，借宿當地，從事社會慈善事業救濟家庭貧寒者，並向附近的藏傳佛教剛達寺大量佈施，贏得僧俗群眾的讚許和認可，從而得以在上鹽井村立足並開展傳教活動。傳教士首先從剛達寺購買土地，修建教堂，進而在村民中傳教並吸納當地教徒；緊接著建立衛生所和學校，村民可以免費看病治療；在學校設立幾個不同班級，由傳教士或信徒擔任教師，講授藏文、漢文、英語、算術和音樂等課程。

「首次來鹽井的傳教士是 Biet Felix，此人取漢族名字為畢天祥。自一八六五年天主教首次傳入鹽井至一九五○年鹽井解放為止，先後有畢天祥、丁成莫、呂伯恩、彭茂美、蒲德元、穆宗文、葉蔥鬱、杜仲賢等十七人任鹽井天主教教堂的神父或傳教士。其中大部分來自法國、德國、瑞士，也有來自四川康定、巴塘、雲南維西、德欽等。」[9]鹽井天主教自一八六五年至一九五○年傳

---

8　保羅、澤勇：「鹽井天主教史略」，載《西藏研究》2000 年第 3 期。

9　保羅、澤勇：「鹽井天主教史略」，載《西藏研究》2000 年第 3 期。

▲ 鹽井天主教堂

▲ 鹽井天主教堂內部

播八十多年。一九五一年，經昌都人民解放委員會主任邦達多吉等調解，教堂再次成為了天主教教民進行宗教活動的場所，從此鹽井天主教與藏傳佛教開始走向和諧共處的新時代。

## （二）天主教堂及其藏族信徒

鹽井天主教堂創建於清同治四年（1865），是由法國巴黎外坊傳教會所建，前後共有十七位外國傳教士或神父主持。一九七九年，主建築拆毀。一九八二年，鹽井天主教重新恢復。二〇〇二年開始修建新教堂，共投入四百五十萬元，於二〇〇四年十二月二十五日舉行了新教堂竣工落成典禮。

教堂和鐘樓外觀帶有濃厚的藏式建築風格，其內部則是天主教教堂風格，在教堂天花板和牆壁上繪製了《舊約》和《新約》中的人物。

上鹽井村有一百二十多戶人家，八百多村民，其中百分之六十八的村民信仰天主教，大約五百四十多人。下鹽井村信徒較少。

鹽井天主教堂的主要收入則依靠釀造葡萄酒，每年淨收入達二萬多元。每年八、九月分是釀酒的繁忙季節，主要僱傭當地百姓來做，採用法國釀造技術。

天主教堂從事各種慈善活動，為改善或綠化周邊環境投入了不少資金。

在信仰方面，鹽井天主教信徒在家中供奉聖父、聖母以及聖水、聖香等。這裡的天主教信徒對教堂裡的聖水稱呼「額曲」（sngags chu）或「曲丹巴」（chu dam pa），這一稱呼完全同藏傳佛教的宗教術語相一致；此外，村民家中設立的天主教「聖龕」叫「曲康」（mchod khang），又與藏傳佛教的「佛龕」稱謂毫無差異，借用了相同的名詞。另外，天主教信徒無論唱聖歌還是做彌撒都用藏語，因為信徒大多不懂漢文，且識字者亦甚少。

在喪葬方面天主教信徒按照天主教的儀式舉行。上鹽井村有一處天主教公墓，信徒去世後都實行土葬，立碑刻寫亡靈姓名。

上鹽井村有信仰不同宗教的一家人，如父親信仰天主教、母親信仰藏傳佛

教格魯派，孩子們或跟父親到教堂禮拜、或跟母親去寺院朝佛。然而，一家人雖信仰不同宗教，但家庭成員之間和睦相處。

　　總之，鹽井天主教無論在內容上還是在形式上處處體現著多元文化的融合。

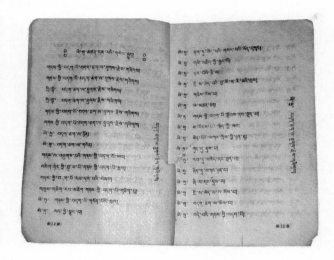

▲ 鹽井天主教堂藏文《聖經》

# 第四章

# 伊斯蘭教

西藏自治區是一個幾乎全民信仰藏傳佛教的
地區。然而，在這片藏傳佛教的熱土上，也
可找到伊斯蘭教的聖殿。西藏自治區有四座
大小不等的清真寺：拉薩市有兩座清真寺，
日喀則市和昌都市各有一座清真寺。

# ▌一　拉薩清真寺及穆斯林居民

　　西藏地區早在吐蕃時期即八世紀，就同阿拉伯的穆斯林商人有商業往來。十一世紀，伊斯蘭教在西藏西部的克什米爾地區興盛，從而為更多穆斯林商人到拉薩來經商創造了便利條件。至十四世紀，在拉薩城內做生意的克什米爾穆斯林商人開始定居落戶，並逐步與藏族通婚，形成一群新興的民族群體，同時也有了自己的族名，即「卡切」（Kha che），這是藏族人對他們的稱呼，意為穆斯林人。

　　由於西藏地區一直盛行藏傳佛教，尤其拉薩城是藏傳佛教的聖地，伊斯蘭教在拉薩始終沒能發展起來，特別是五世達賴喇嘛（1617-1682）執政時期，藏傳佛教格魯派在西藏蓬勃發展，壓制了來自克什米爾的伊斯蘭教擴張勢力，使得西藏的伊斯蘭教信仰影響範圍十分狹小。

## （一）拉薩清真大寺的滄桑歷史

　　據有關史籍記載，在拉薩城出現的第一座清真寺始建於清康熙五十五年（1716），位於拉薩市城關區河壩林（八廓街以東 300 米入口處），現稱拉薩清真大寺。最初該清真寺規模較小，占地僅有二百平方米；乾隆三十一年（1766），拉薩清真大寺獲得清朝政府贈送的一塊題寫「咸尊正教」的匾額；乾隆五十八年（1793），清朝政府派兵平定廓爾喀人入侵後藏，該事件後，拉薩清真大寺得到清軍中穆斯林軍人資助，進行維修和擴建；一九五九年，拉薩清真大寺在叛亂戰火中被燒毀，一九六〇年又得以重建；在「文革」期間只受到輕微破壞，一九七八年再次得到修繕，一九七九年重新開放。一九八五年慶祝西藏自治區成立二十週年，中央代表團向拉薩清真大寺贈送了題寫「清真古寺」的匾額，現懸掛在其大門上。二〇〇二年，大規模修繕清真寺，於二〇〇三年竣工；後又投資建設清真寺庭院，於二〇〇四年完成。由此可見，拉薩清

真大寺不僅有著源遠流長的滄桑歷史，而且得到歷代中央和地方政府的關懷，因而有較好的文化傳承和發展空間。

目前，拉薩清真大寺占地面積達二千六百平方米，建築面積一千三百平方米，整個院落東西長，南北短，形成平面布局不規則的格局，建築結構由大門、前院、宿舍、宣禮塔、禮拜堂、浴室等組成。其中大門朝北，莊嚴肅穆；宣禮塔是一座高十三米的四層六角塔，為石木結構，十分精巧；禮拜堂是主體建築，矗立在高出地面一米左右的平臺上，座西朝東，內有十三根柱子，整個建築占地面積有二八五平方米，堂內鋪有大型地毯，西壁掛有麥加天房掛毯，北側設有阿訇講經的臺座，呈現一派潔淨清雅之氛圍。可以說，拉薩清真大寺為所有定居在拉薩市內的伊斯蘭教信仰者提供了自由而寬鬆的宗教活動場所。

拉薩市內還有一座清真寺，即拉薩小清真寺，位於今拉薩市城關區河壩林即八廓街東南二百米處，建於二十世紀二〇年代。據史料記載，這座清真寺是

▲ 拉薩清真大寺

為了外地穆斯林人做禮拜而專門建造的，當時主要有來自克什米爾或拉達克、尼泊爾等地的穆斯林商人在這座清真寺裡做禮拜。清真寺的建築規模很小，禮拜堂面積只有一百三十平方米，但是其結構形式別具一格，是一座典型的藏式建築物。

拉薩古城除了清真大寺和小清真寺之外，還有兩處按照穆斯林習俗建立的墓地，即拉薩市北郊的奪底山溝墓地和拉薩市西郊的吉采魯丁墓地。

## （二）今日拉薩穆斯林居民的生活

據有關文獻史料，一九○三年，在拉薩城內約有二百多名從克什米爾和中國西部來的穆斯林，他們主要從事經商活動，當時在拉薩不僅有清真寺，而且還有一個由來自中國西部的穆斯林開辦的清真飯莊；一九三六年，僅從克什米爾來的穆斯林人數就達三百人，他們大都身穿藏裝，但男人纏頭或婦女戴蓋頭；在飲食方面，也喜歡吃乾肉和糌粑，以及喝奶茶或酥油茶。可以說，拉薩穆斯林身上具有濃厚的藏文化風格，不僅他們的生活習俗十分接近拉薩藏族居民，而且他們在日常生活中主要用藏語來交際。如今居住在拉薩市內的穆斯林約占西藏自治區穆斯林總數的三分之二，長期同藏族一起居住在拉薩市內的穆斯林，除了禁忌豬肉、很少喝酒、婦女戴蓋頭外，在著裝、語言、生活習俗等方面，都同拉薩藏族居民之間沒有太顯著差異。

拉薩清真大寺及其穆斯林族群的生活體現了多元民族文化的相互融合。

# ▌二 昌都清真寺的歷史與文化

　　昌都地區位於西藏自治區東部，地處三江流域的橫斷山脈。東與四川省德格、白玉、石渠和巴塘四縣隔江相望，東南與雲南省德欽縣接壤，西南與林芝地區毗連，西北與那曲地區相連，北面與青海省的玉樹州交界。總面積十一萬平方公里，占西藏自治區總面積的百分之八點九，其地勢西北部高東南部低，最高海拔達六九五六米，最低海拔約三千一百米，平均海拔在三千五百米以上。

## （一）昌都清真寺的歷史沿革及文化背景

　　昌都回族穆斯林大都來自陝西省。清康熙四十一年（1702），在昌都市中心修建了一幢土木結構的漢宮式禮拜堂，初稱「陝西回館」，以社會文化活動中心的形式存在。後來回族穆斯林與藏族居民通婚，不僅其人口進一步增長，而且逐步適應藏族人的文化風俗習慣，並得到當地藏族僧俗民眾的認同。清康熙五十八年（1719），正式創建了昌都第一座清真寺。以前的「陝西回館」遂改名為「陝西會館」，演變為陝西籍漢回兩族聚會聯誼的「會館」。從此，清真寺成為昌都地區回族穆斯林做禮拜的唯一正規場所。對昌都回族穆斯林來說，清真寺不只是宗教活動場所，而且也是社會文化活動中心。不幸的是，該寺毀於「文革」時期。直至黨的十一屆三中全會之後落實民族宗教政策，才得以在一九九〇年歸還原清真寺部分土地；一九九一年又得到政府資助和個人募捐，於是修復清真寺殿堂，全面恢復了正常的宗教活動。

　　昌都清真寺及其穆斯林信徒，也同中國絕大多數穆斯林同胞一樣，屬於伊斯蘭教遜尼派，奉行大伊瑪目哈乃斐學派。由於他們長期生活在藏區並同藏族百姓同甘共苦、和諧相處，昌都清真寺及其穆斯林文化不免受到藏族文化的影響，具有了濃厚的地方特色。

　　昌都回族人不僅操漢語，而且也使用當地藏語，其漢語充滿陝西韻味。回

民大都有三種名字：經名、漢名和藏名。經名是阿訇取的，漢名是父輩取的，藏名是藏民依各人的德行取的。

由於回族先民來昌都的絕大多數是單身漢，他們同當地的藏族婦女通婚。儘管這些婦女改信了伊斯蘭教，可她們卻把藏族的血統和生活習慣一起融入了昌都穆斯林的生活。

過去回族住房外形大多是藏漢結合的式樣，裡面的格局及裝飾都和古老的漢族式樣一樣。現如今都變成了一幢幢漂亮的藏式樓房，連內部的裝飾基本上也是藏式風格。

藏族的生活習慣同樣也受到了穆斯林生活習慣的影響。每當藏曆新年或辦喜事，藏族人家都油炸回式果點等待客，很受歡迎。當地的官員、活佛、大喇嘛和一般藏民都喜歡食用阿訇手切的牛肉，名為「淨潔肉」。

回藏民族在過去的歷史歲月中雙向影響、相互融合，成為今日昌都清真寺及其回族穆斯林群體繼往開來、建設美好家園的社會文化資源。

## （二）今日昌都清真寺與穆斯林居民家庭

昌都清真寺建築外觀融合阿拉伯、藏、漢三種文化風格，不僅具有濃厚的多元文化特色，而且體現了多元文化和諧共存的理念。一般清真寺中男女分開做禮拜，如拉薩清真大寺裡女性在二層、男性在一層做禮拜；而在昌都清真寺裡男前女後一起做禮拜。

昌都市回族家庭中有信仰兩種宗教的現象，既信仰伊斯蘭教又信奉藏傳佛教。一般而言，男子大都信仰伊斯蘭教，女子均傾向於信奉藏傳佛教（藏語稱「dgon pavi chos」，即寺院宗教），而家庭中的年輕人兩種宗教活動都參加，如伊斯蘭教在一年中舉行三種宗教節日，即開齋節、古爾邦節（宰牲節）和聖紀節，年輕人都會參與；另外，在寺院舉行大型法會時，年輕人也會參加。

昌都回族家庭多民族、多元宗教融合的特色也反映到飲食上，如一家人到外面飯館用餐，會有兩種不同口味，即清真的和非清真的。

昌都清真寺與強巴林寺、穆斯林居民家庭與當地藏族百姓家庭之間，已形成一種互助互信的融洽關係。雙方不僅在宗教信仰上相互尊重、互不干涉、自由選擇、和睦共榮，而且在日常生活上相互學習、取長補短、共同進步。在歷史上，強巴林寺與清真寺有相互拜年的習俗，如今依然保持著這種優良傳統。

昌明文庫·悅讀中國 A0607002

# 西藏宗教

| | | |
|---|---|---|
| 作　　者 | 尕藏加 | |
| 版權策畫 | 李煥芹 | |
| 發 行 人 | 林慶彰 | |
| 總 經 理 | 梁錦興 | |
| 總 編 輯 | 張晏瑞 | |
| 編 輯 所 | 萬卷樓圖書股份有限公司 | |
| 排　　版 | 菩薩蠻數位文化有限公司 | |
| 印　　刷 | 百通科技股份有限公司 | |
| 封面設計 | 菩薩蠻數位文化有限公司 | |
| 出　　版 | 昌明文化有限公司 | |

桃園市龜山區中原街 32 號

電話 (02)23216565

發　　行　萬卷樓圖書股份有限公司

臺北市羅斯福路二段 41 號 6 樓之 3

電話 (02)23216565

傳真 (02)23218698

電郵 SERVICE@WANJUAN.COM.TW

大陸經銷

廈門外圖臺灣書店有限公司

　電郵 JKB188@188.COM

ISBN 978-986-496-438-3

2020 年 3 月初版二刷

2019 年 3 月初版

定價：新臺幣 280 元

如何購買本書：

1. 轉帳購書，請透過以下帳戶

　合作金庫銀行 古亭分行

　戶名：萬卷樓圖書股份有限公司

　帳號：0877717092596

2. 網路購書，請透過萬卷樓網站

　網址 WWW.WANJUAN.COM.TW

大量購書，請直接聯繫我們，將有專人為您

服務。客服：(02)23216565 分機 610

如有缺頁、破損或裝訂錯誤，請寄回更換

版權所有·翻印必究

Copyright©2020 by WanJuanLou Books CO., Ltd.

All Right Reserved　　　　Printed in Taiwan

國家圖書館出版品預行編目資料

西藏宗教 / 尕藏加著. -- 初版. -- 桃園市：

昌明文化出版；臺北市：萬卷樓發行，

2019.03

　面；　公分

ISBN 978-986-496-438-3(平裝)

1.宗教 2.西藏自治區

676.608　　　　　　　　　　　108003126

本著作物由五洲傳播出版社授權大龍樹（廈門）文化傳媒有限公司和萬卷樓圖書股份
有限公司（臺灣）共同出版、發行中文繁體字版版權。

本書為真理大學產學合作成果。　　　　　　校對：喬 情／臺灣文學系四年級